ふりまわされない。

小池一夫の
心をラクにする300の言葉

小池一夫
(@koikekazuo)

人生の「いいこと」は、過去にではなく、
これからにあるといつも思っている。
80歳になった今でも。

（小池一夫）

まえがき

心を言葉で表現することは、とても難しい。

心と言葉が食い違うことがよくありますが、
そうやって悩むのが、人間というものなのだと思います。
若い人に伝えたいのは、あきらめたり、落ち込んだりするより、
「なんだってできないことはない」と信じて、とにかくやること。
そして、他人に「ふりまわされない」こと。
一方で自分が他人を「ふりまわす」側になっているかもしれない

ということにも注意しないといけない。
何事にも真剣に向き合って、
相手をふりまわすことのないように。
苦しいことは、自分の心の中にしまって、
笑顔になれば、毎日が楽しくなります。
だから、僕は「いつも楽しく、生きたい」と思って、
今を生きています。

※この本に載っている３００の言葉は、日々ツイッターでつぶやいていることをまとめたものです。
本文中では「ん」を「ン」と表記しています。これは元々、漫画のフキダシの中のセリフにインパクトをつけるために用いていたことですが、いつのまにか僕のトレードマークのようになってしまったため、ツイッターでも用いています。せっかくなので、この本でもそのままにしてあります。

001

あなたに敬意を払わない人に、
あなたが敬意を払う必要はない。
あなたのことが嫌いな人を、
あなたが好きになる必要はない。
あなたを大切にしない人を、
あなたが大切にする必要はない。

002

友達にかかわらず、
すべての人間関係において
「付き合ってあげている」というおごりと、
「付き合ってもらっている」というおもねりがあると、
良い結果には絶対ならない。

お互いに「敬意」がないと、
なかなか続くものではないね。

人間関係が長く続かないときって、
お互いに敬意がないとき。

003

ああ、この人とは距離をおくべきだな、
別れるべきだな、と思うのは、
自分への対応が雑になったときだ。
逆に言うと、自分は絶対に人を
雑に扱ってはいけないということ。

少しでも「人を雑に扱う」とは、
最低なことだと、
いつも心に留めておくのだ。

004

「人と丁寧に接する、人と雑に接しない」。

これだけで、人間関係はずいぶんスムーズになるよ。

005

「もし自分がこの人だったら」って、
もっと本気で考えるべきなのだ。

それが、**想像力。**

それが、**思いやり。**

006

自分が自分を丁寧に扱っているとね、
他人も「この人は丁寧に扱うべき人なンだな」って、
自然と伝わるもンだよ。

007

人とのコミュニケーションって
そんなに難しく考えないほうがいい。
伝えたいことがあるときに話しかけ
話を聞いてもらい、
話すべきことがないときは口を閉じる。
無駄口は叩かない。
沈黙も会話のうち。
そして人が話しているときは真剣に聞く。
基本はただそれだけ。

饒《じょう》舌《ぜつ》だけが
コミュニケーションではない。

008

コミュニケーションが苦手な人って、
人と繋がることを
0か100か、と極端に考えているなと思う。
相手にも自分にもそれぞれの世界があり、
コミュニケーションとは、
あくまでもその人の一部と関わることであり、

全部と繋がることでは
ないと考えると、
もっと気楽に人と付き合える。

出会い

009

人は、人と出会わないと何も始まらない。

誰と出会うかで
人生は決まる。

010

新しい出会いはいいね。
自分の固定観念を壊してくれるし、
共感することはお互いに深め合えるし、
足りないことは補い合える。
ただ、付き合いのルールがある。

損得勘定を前提としないこと。
礼節《れいせつ》を持って平等な関係であること。

011

人と付き合うことは、自分と違うことを
「我慢する」ということだ。
もっと、その人のことが好きになると、
自分と違うことを「我慢する」が「楽しい」に変わる。
自分との違いが楽しめる。
最初の「我慢する」が我慢できなくて、
人と付き合えないのはもったいない。

012

他人には、好きなところと嫌いなところがある。
当たり前のこと。
僕は、好きなところを理由にその人を好きでいよう、
嫌いなところを理由にその人を
嫌いにならないでいようと思っている。
自分自身でさえ好きなところと嫌いなところがあるのに、
他人が自分の思い通りの人であってほしいというのは
自分勝手。

013

僕は、人と出会うときのルールを決めている。
それは、出会いの入り口は必ず「好き」から入るということ。
もちろん、その後、相性が悪かったり、
嫌いになったりすることもあるのだが、
とにかく初めは、好意から始める。
最初から人の噂などで「嫌い」から始まった人間関係が
上手くいくわけがないから。

014

親、友人、恋人、職場の人。
会いたくない人も、
会うべきではなかった人もたくさんいる。
選べる出会いもあれば、
選べない出会いもある。
でも、大丈夫。
不快な人に出会っても、

出会うべき人に出会えれば、
ちゃんと救われる。

015

他人に「完全」を求めないこと。

自分自身が
「不完全」
なのだから。

016

あなたは、誰かの怒声や罵倒《ばとう》やけンか腰の態度に、
「ああ、そうだな、この人の言う通りだ」
と納得したことがありますか？
僕は一度もない。
人の心を動かそうとするためには、
自ずと言葉や態度は、丁寧で、誠実になるはずなのだ。

だから、攻撃的な態度で臨ンでくる人に自分が対応する必要はない。

017

怒声や罵倒《ばとう》に感情を動かされては駄目だ。
むしろ、相手を憐れンでやれ。
ああ、この人はこういうふうにしか、
自分の感情を表現できない
情けない奴だと同情してやれ。
相手と同じ土俵に乗ってはいけないよ。

感情的な相手には、
平常心で対抗するのが
最強の攻撃。

018

相手に無礼な態度をとることありますか？

失礼無礼って、相当自分が

荒《すさ》ンでないとないですよね。

失礼無礼な人は無視してもいいンですよ。

相手にしなくてもいいンですよ。

そういう人に、心折れたりする
必要はないのです。

これは、人生の鉄則です。

019

やはり、人間同士だから、どうしても相性が悪いとか、
生理的に嫌いということもあると思う。
だからといって、その相手を攻撃することではないンだよ。
嫌いなものを好きになるのは無理だけど、
「放っておく」という対処法が
最良だということも多いと最近感じる。
「無関心」ではなく、あえて放っておく。

020

なンかね、人を嫌ったり、非難したりすることを
自分に与えられた特権だと信じている人っているンだよ。
君に嫌われようが、非難されようが、こっちは痛くも痒《かゆ》くもない。
無責任に自分を嫌ってくる者に対して、
自分が責任を持って心を痛める必要はない。

021

嫌いな人に自分を好きになって
もらおうなンて努力、しなくていい。
その人に媚《こ》びることになる。
人間には「相性」がある。
好きな人を増やす、
今好きな人を失わない努力をするべきなのだ。
この人とは相性が合わないなあというときは、
社交「術」を使うのだ。
社交ではない、社交術。あくまでも「術」。

022

「誰に嫌われようが、自分の価値は何も変わらない」

自分の価値を
強く信じるのだ！

023

ほンとに単純なことなンだけど、
「やさしい気持ちでいる」と覚悟することで、

人生はずいぶンと
生きやすく
豊かなものになる。

やさしさ

024

「やさしい人」って
一括りにしてしまいがちだけど、二種類いるンだよね。
元々、やさしい両親のもとでやさしく育てられたやさしい人と、
厳しい環境だけどやさしくあろうと決心した人。
どちらにせよ、この厳しい世の中で、やさしい人というのは、
やさしくあろうと、一瞬一瞬努力している人なのだ。

025

自分がしンどいときは、
笑顔で機嫌のいい、やさしい人と接するのだ。
あたたかい陽の光に照らされてる感じ。
しンどいときに同じ闇を見ている人とは交わらないこと。

026

やさしい人は信じる。
やさし過ぎる人は信じない。

本当にやさしい人は、ちゃンと厳しい。

厳しい人は信じる。

厳し過ぎる人は信じない。

本当に厳しい人は、
ちゃんとやさしい。

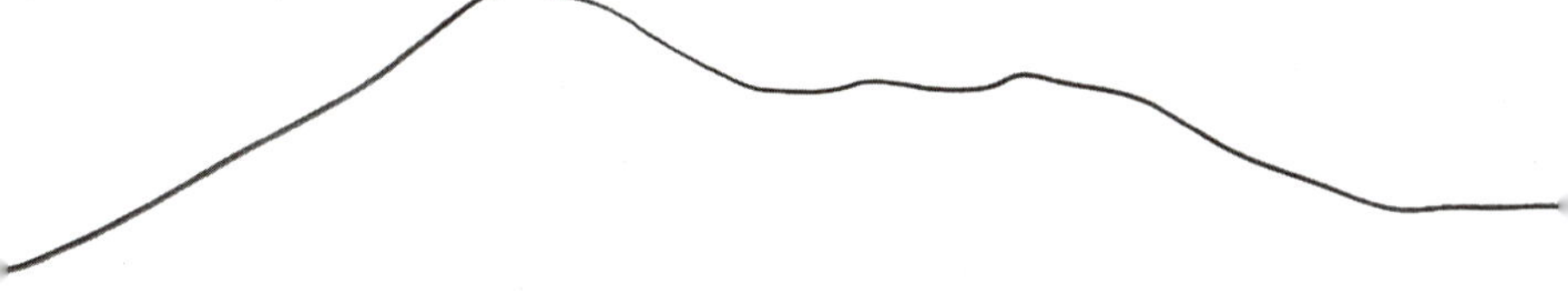

027

自分はできるだけやさしい人であろうと決心すると、
まるで試されているみたいに意地悪な人と出会う。
そこで、ひるまないで、
もう一段上のやさしさでおっかぶせてみる。
すると、また一段上の意地悪でおっかぶせてくる。
こうなりゃ、意地だ。

やさしさは、「覚悟」です。

028

やさしい人や気持ちのいい人に
自分はすごく救われるでしょう？
だったら、自分もそンな人になって
誰かの癒しになればいい。
人にやさしく親切にすることなンて、
タダだし、減るもンじゃなし、
そうなればいいじゃン。
ちなみに、人に悪意を向けたり、不親切だと、
タダじゃないし、減るよ。魂が。

029

「人に条件をつけない」

と心に思うだけで、
好きになる人はずいぶンと増える。

030

人に好かれたければ、
自分から人を好きになればいいンだよ。
自分に好意を寄せてくれている人を、
嫌いにはなれない。簡単なこと。
ただひとつ気を付けなくてはならないのは、

相手も自分も対等だということ。

好かれようと卑屈にだけはなってはいけないよ。

031

「自分がされて嫌なことは人にはしない」
は幼稚園で習うようなこと。

**しかし、「自分がされて
平気なことでも、人にしては
いけないこと」ってたくさんある。**

大人でも、そのことが分かっていない人が増えたね。

032

自分と違う意見を持つ人は、すべて「敵」だと分類して
攻撃する人が理解できない。
あることに対しては違う意見かもしれないが、
その人の属性や性格や出自などにまで遡って頭が悪いだの個人攻撃する。

**違う意見を持つ人は、敵ではないよ。
ただの、意見の違う人。ただそれだけのこと。**

033

生きていると、
どうしても好きになれない人がいる。
その人が、たとえ親であっても、
子であっても、誰であっても、
人を好きになれない自分を責めることはない。
しかし、相手を責めることでもない。
もう、心で付き合うことはあきらめて、
頭で付き合うしかない。

嫌いな相手は、
上手にあきらめるのだ。

034

「人の縁を切る」という
覚悟を持つことはとても大事。

長い付き合いだからとか、
親子だからと情に縛られて
苦しみ続ける必要はない。
縁なンか一度切ってしまえばいいンだよ。
本物の縁ならば、また繋がる。

苦しくなるほど、人との縁を守らなくてもいい。

もし再び繋がったなら、
その縁を大事にすればいい。

はじめましてとさよなら

035

「さよなら」を恐れることはない。

一つのさよならは、次の「はじめまして」に繋がっているから。

はじめまして、が多い人生は楽しい。

036

「はじめまして」と「さよなら」は、
若いうちは「はじめまして」が断然多くて
「さよなら」のほうが少ない。
年を取ると逆になる。
それに、「さよなら」を言って別れるよりも、
「それじゃあ、またね」と言って二度と会えない人が増える。

だからね、若いうちは、
どンどン「はじめまして」を増やすといいね。

037

自分の悪い噂を立てられたとき、
「そンな人じゃないよ」と庇《かば》ってくれる人は、
もちろンありがたいのだが、
「その噂が本当だったとしても、それでもいいよ」
と言ってくれる人っているンだよ。
その「それでもいいよ」の人を
生涯大切にしたいと常に思っている。

僕も人の噂で人の評価が変わる
ブレた人間になりたくない。

038

「誰々さンがあなたの悪口言ってましたよ」
と言う人って、その誰々さンよりも、タチが悪い。
間違いなく。

人間関係をコントロール
しようとしている人間だから。

039

特別嫌なことをされたのではないが、
後味《あとあじ》の悪い人っている。
それはね、やはり、相手に悪意があるンだよね。
僕は、そういう人のことを
「人味《ひとあじ》が悪い」って言っている。
いくら笑顔で対応されても、人味《ひとあじ》が悪い人は、
後々、本性を出してきて
結局嫌な思いをすることになるので、
近づかないに限る。

040

自分が傷つけられることには異常に敏感なのに、
人を傷つけるのは平気な者がいる。
「自分の感情の都合で
人を傷つけるものではない」
ということさえ学ンでいない者がいたら、
相手にしないでそっと離れるのだ。
なぜなら、「自分は傷ついた」という便利な言葉を盾に
被害者の顔をした加害者だから。

信じると信じない

041

本人のいないところで、
人を褒める人は**信じる。**

本人のいないところで、
人の悪口を言う人は**信じない。**

本人のいないところで、
人の言った悪口を信じる人は
もっと信じない。

喧嘩

042

大人だろうが、子供だろうが、
喧嘩になることは絶対にある。

その喧嘩の仕方で
一番まずいのは
「その喧嘩以外の件を
持ち出すこと」と
「過去の件を持ち出すこと」である。

この二つは際限なく怒りの連鎖が広がる。
喧嘩するときは、今の喧嘩の件だけと決めると、
すっきり喧嘩できる。

043

そして、喧嘩にはルールがある。

喧嘩した相手の悪口を、
関係のない人に言わないこと。
それで自分の味方を
増やそうとしないこと。

喧嘩はいいが、みっともない喧嘩はするな。

044

喧嘩って、あながち悪いことばかりではない。
相手は、気に入らないことを攻めてくるわけだから、
そこには自分が直すべきことや、
考え直すべきこともある。
喧嘩をただの喧嘩で終わらせるのはもったいない。

会話

045

他人に言いにくいことを言うときは、
できるだけ短く、率直に、素直に話すのだ。
言い訳をぐだぐだと長く、というのが最悪のパターン。
この**「短く・率直・素直」**
という法則は、人生のあらゆる場面で役に立つ。

046

会話のルールがある。
どンなに自分に話したいことがあっても、
とりあえず相手の話を聞く。
そして、自分の話をする。
「話す→聞く」ではなく「聞く→話す」。
一方的に話し過ぎると、
あまり真剣には聞いてもらえない。

047

「自分語り」はできても、「語り合い」ができないのだ。
人との会話は、それほど難しく考えなくてもいい。
自分が言うべきことを語ったら、人の話も真剣に聞く。
この、「聞く」ことが重要なのだ。
「会話に、主役も脇役もない」。お互いに同等なのだ。

048

すごく簡単で、効果的な会話術なのだが、
会ったときの第一声は必ず
ポジティブなことを口にする。
その後、しんどい話が待っていたとしても。
とにかく、相手の顔を見たら、
明るい話題を明るい口調で話すのだ。
第一声がネガティブだと、
本題に入る前にうんざり。
そういう小さな気遣いは必要。

049

「人見知りなんで…」という言い訳を
口にする人が好きではない。
誰だって、人と初めて出会ったときは緊張する。
人と出会うときに、言い訳から入ってどうするというのか。
自分が人見知りな分だけ、
「あなた、よろしくお願いしますね」という
弱さの押しつけをするという強さ。

050

会話は、**説得**よりも**納得**。

051

誰でも好きになれ、
誰にでも敬意を抱けというのは無理だけど、

「心のどこかで人を馬鹿にする」という考え方の癖を直すと、すごく気持ちよく生きられるようになる。

人を見下すのが習慣になると、
世界は途端につまらなくなる。

052

「生きがい」というのは、
突き詰めると
「人」ですからね。

053

愛情でも、友情でも、親子でも、
恋人でも、友人でも、関係はうつろっていく。
最後に人と人を繋ぎとめるものは、
「敬意」である。「情」ではない。

001

あなたに敬意を払わない人に、
あなたが敬意を払う必要はない。
あなたのことが嫌いな人を、
あなたが好きになる必要はない。
あなたを大切にしない人を、
あなたが大切にする必要はない。

054

しかし、そういう人たちのことを
心の片隅にちょっとおいておく。
自分と対する人にも、
その人の大切な人生があるのだ。

感情

055

すごく単純な人生の結論なンだけど、

「自分の感情に
振り回されるのをやめる」
のはとても大事なこと。

楽しくないから笑えないのではなく、
笑ってりゃ楽しくなる。
やる気がないからやらないのではなく、
やってりゃやる気が出る。
人に嫌われるのが怖いからひとりでいるじゃなく、
人を愛していたら愛される。

056

イライラしたり、気持ちが荒《すさ》ンでしまったときの
僕の対処法がある。
負の感情に行動が引きずられるのではなく、
その順序を逆にするのだ。

まず、なるべく心が
楽しくなるような
行動を起こして、
感情を楽しいほうに
ひきずっていく。

これは、とても効果的です。

057

感情の制御力が弱い人は存在する。

そして、感情は伝染する。

悪い感情の制御ができない人からは離れるのだ。

その人の感情に自分の感情が影響される。

誰かの身勝手な感情に
コントロールされるのは、
自分の人生がもったいない。

058

人の感情は、感染するンだよね。

ハッピーな人といると
ハッピーでやさしい
気持ちになるし、
性格の歪ンだ人を
相手にしていると、
自分にも感染している。

そして、感染した自分も、
誰かに感染させている。気を付けねば。

059

本当に、自分の負の感情にブレーキをかけてくれる人は人生に必要だよ。

負のアクセルを踏めとあおるものがいたら、
すぐに離れること。
身内でも、友人でも、赤の他人でも。

責任を取るのは、結局自分なのだから。

060

「しらンがな」って心持ちはすごく大事だと思う。
人はあれこれ言いたがるものなのだ。
肝心な所さえおさえておけば、「そンなことしらンがなッ！」
で済ませるべきことはたくさンある。
なンでもかンでもまともに反応して、
自分で自分を追い込まないこと。

061

「機嫌よくいる」が、僕のモットーだ。
たとえば、十人いて、一人でも機嫌の悪い人がいると、
あとの九人だって嫌な気持ちになる。
「機嫌の悪い人」って破壊力があるンだよ。
機嫌がいいほうが自分だって気分がいい。
機嫌よくいることって、
人のためにも、自分のためにも大事。

062

「想像力」はとても大事なことだけど、
マイナスの方向にばかり働かせる癖の人がいる。
想像力は、プラスに働かせてなンぼです。
誰かを疑うものではなく、誰かを信じるほうに使うというふうに。
想像力をプラスの方向に働かせる癖をつけると、
人生はずいぶンラクになる。
自分を信じるのが、最高のプラスの想像力。

063

心配事の9割は起こらない。幸せの9割は起こる。

ポジティブシンキングな人と、
ネガティブシンキングな人との考え方は、そこが違う。
ネガティブシンキングなら、ノーシンキングのほうがマシ。

10割起こるのは、いつか死ぬことだけ。

064

悩みや落ち込ンでいる原因のことを

「この3時間だけは考えない」

というふうに、
時間を区切って強制的に思考を停止する。
昼寝をしてもいいし、映画を見てもいいし、
何をしてもいいけど、
とにかくそのことについて、
だらだらと考えるのをやめる。

065

五年前の僕の悩みは、ほとンど解決している。
三年前の苦しみは、割といいほうに向かっている。
一年前の大変なことも、どうにかなっている。
絶望は、時間の流れでどうにかなる。
「今」の絶望は、未来では
絶望ではなくなっていることも多い。

だから、とにかく、「今」を乗り切るのだ。

066

今、自分が悩んでいることや
不安に終わりがないと思うことは、
「ないこと」とするのだ。
なぜなら、終わりがないのだから始まりもないでいい。
「解決不能」を答えにして、
どうにもならないことではなく、

どうにかなることで
一歩一歩進んでいくのだ。

067

弱みを見せる。

本当につらいときは、人に頼ってもいいんだよ。
弱みを見せてもいいんだよ。
相手が不快かなんて思わなくていいんだよ。
まずは、自分が地獄から脱出することのみに
集中するのだ。
地獄から抜け出してから、
頼った人にお返しすればいい。

**人とは頼ったり頼られたり、
助けたり助けられたり
なのだから。**

その声は誰かに届く。

068

苦しいときや、しンどいときは、
はっきりと私は苦しいと、
意思表示をすべきだと思う。
「大丈夫？」と聞かれて、大丈夫じゃないのに、
笑顔で「大丈夫、大丈夫」と答えて
逝ってしまう人はたくさンいる。
見栄やプライドもあるけれど、

本当に苦しいときは
迷わず人に
助けを求めるのだ。

069

弱音は相手を選ンで吐け。

「弱音」は吐いてもいい。むしろ、吐くべきだ。
だが、相手は選ばなくてはいけない。
同じ闇を見てしまいそうな者や、
弱音を吐くなと叱責するような者は
絶対に選ンではいけないよ。
自分がしンどいときに、
よりしンどくなる相手に弱音を吐かないこと。

070

声を上げなければ、誰にも届かない。

絶対に一人で抱え込まないこと。
だから、それを受けたほうは、
苦しい、つらい、しンどいという声を、
誰だって同じなンだと軽くあしらわないこと。
喜びだけでなく、苦しみをともに受け入れてくれる人は
必ずいるよ。

071

比較されてもしょうがない。

あなたより苦しい人はたくさンいるとか、
あなたはまだ恵まれているほうだというような言い方は
人を追い詰める。
自分にとって、人と比較されても何の意味もない。
なぜかこの理論が正しいと思っている人っているンだよなあ。

072

誰かがあなたに、
本音や弱音を告白しているときに
絶対に言ってはいけないことがある。

それは、正論です。

073

自分が
地獄にいると思ったら、
そンなところで
ぐずぐず止まって
いないで、

突っ走って
脱出するのだ。
なりふりかまわず、
逃げ出せ。

074

体の不調は、医者と相談しながら治すことができるが、
心がぶっ壊れたら、治療は年単位。いや、十年単位。

心がぶっ壊れそうになったら、すぐに逃げるのだ。

逃げる体力と気力があるうちに。
壊れてからでは、人生が変わる。

075

体調が悪いときにきちンと休むのが、「体調管理」。

体調管理が悪いから、休むわけではないと
何回言ったら日本の会社は分かってくれるのか?

076

ほンと、取り返しがつかないぐらい
体や心を壊したときに、
休みをとることを悪く言った人たちは
責任なンかとってくれないよ。
その人にとっては甘えに見えても、
自分にとってはギリギリってよくあること。

「自分は自分で守れ」

077

食事、睡眠、休養が少しずつ足りないだけで、
体が少しずつ弱っていく。
それに加えて、ストレスによって心も弱ってしまう。
それにね、愛が足りないことで、大きく弱ってしまう。
人は弱い生き物なンだよなあとつくづく思う。
逆に言えば少し自分に気をつかうだけで
ずいぶンとラクな生活が送れるよ。

まずは自分。

078

スランプのとき、
心を復活させる方法を訊ねられたのだが、
もうね、はっきり言えるのは

「人」に会いに行くこと。

面白い人、
刺激的な人、挑発してくれる人。
とにかく、人。

閉じこもってしまうのが、
一番スランプの治りが悪い。

僕は、勝手に
「人薬《ひとぐすり》」と呼ンでいる。

人に傷つけられたり、
人のせいで病ンだりするンだけど、
癒してくれるのも、
治してくれるのも、結局「人」なンだよね。

人薬《ひとぐすり》、おすすめです。

079

99人が敵だとしても、一人の味方に救われる。
999人の敵がいても、一人のやさしさに慰められる。

たった一人でいいのだ。

99人や999人の味方を最初から望んではいけないよ。
もし、その一人が裏切ったら？

次の一人は必ずいる。

080

人を傷つけるのも人だけど、
癒してくれるのも結局は人なのだ。
自分を傷つける人と
癒してくれる人の割合が5:5なら普通。
4:6なら、喜ぶべき。
それどころか、9:1であっても、
たった一人が自分を癒してくれるのなら
素晴らしいこと。

そして、ときには、
自分が誰かを癒す側に
なれたらいいね。

081

心の荒《すさ》んだ者は、何をやっても上手くいかず、
苛立っている。
ますます人は離れていく。
だからね、絶対に心を荒《すさ》ませてはいけないよ。
一度荒《すさ》んだ心は、よほどのことがないと、
やさしく温かい心には戻れない。
心が荒《すさ》みそうになったときに、
立ち直れるかどうかで人生の質が変わる。
じゃあ、どうしようもないほど
心が荒《すさ》んだらどうするか？
それは、もう自力だけでは無理だ。
他力に頼ることも必要だ。
自分一人では回復できないし、
他人に頼りっぱなしでも駄目だ。

「自分」と「他人」、二つの力で回復するしかない。

082

人の心を傷つけないために、
自分が傷つくことはない。
しかし、自分が傷つかないために、
人を傷つけていいわけじゃない。
なンか、こう、もっと、

ゆったり、気楽に、
素直に、正直に。

083

僕の80年の経験で、
体の病気も、心の病気も、
何であってもー人で闘うべきではない。
二人なら乗り越えられた。
三人なら仲間になれた。
一人で闘って病と孤独に勝てた者はいない。

たった一人でいい、
味方と闘うのだ。

役割

084

自分の「役割」を決めつけていませンか？
自分は助けられるべき人間、助けるべき人間。
与えるべき人間、与えられるべき人間というふうに。
そンなことは、時と場合によっていくらでも変わる。

自分の役割を、
自分で決めつけないこと。
誰かの役に立つこともあれば、
助けられることもある。

085

何かを「乞う人」であることは、
悪いことではありません。
しかし、「与える人」になることを
忘れないでいようと思います。

求めない

086

「自分にないものを求めない」という
あきらめは大事だよ。
自分は、自分に与えられたカードを
上手く使って勝負するしかないのだ。
自分に与えられなかったものは
確かに魅力的だが、人は人、自分は自分。

あきらめるときは、
上手にあきらめよ。
上手にあきらめられなかった
ことは、負の感情になる。

087

「自分にないものを求めない」と決めると、
人生はずいぶんラクになる。

自分にないものを
求める無駄な努力を、
「自分にあるもの」を
もっと高める
努力に変えるのだ。

努力の方向を間違えると、
自分にあるものさえ消えていく。

088

色々な執着を捨てて、潔い人になりたいと思う。

潔い人であると決めたら、
余計な心配のタネが消えて
気持ちがすっと軽くなる。

ただ、潔くあろうと思う。

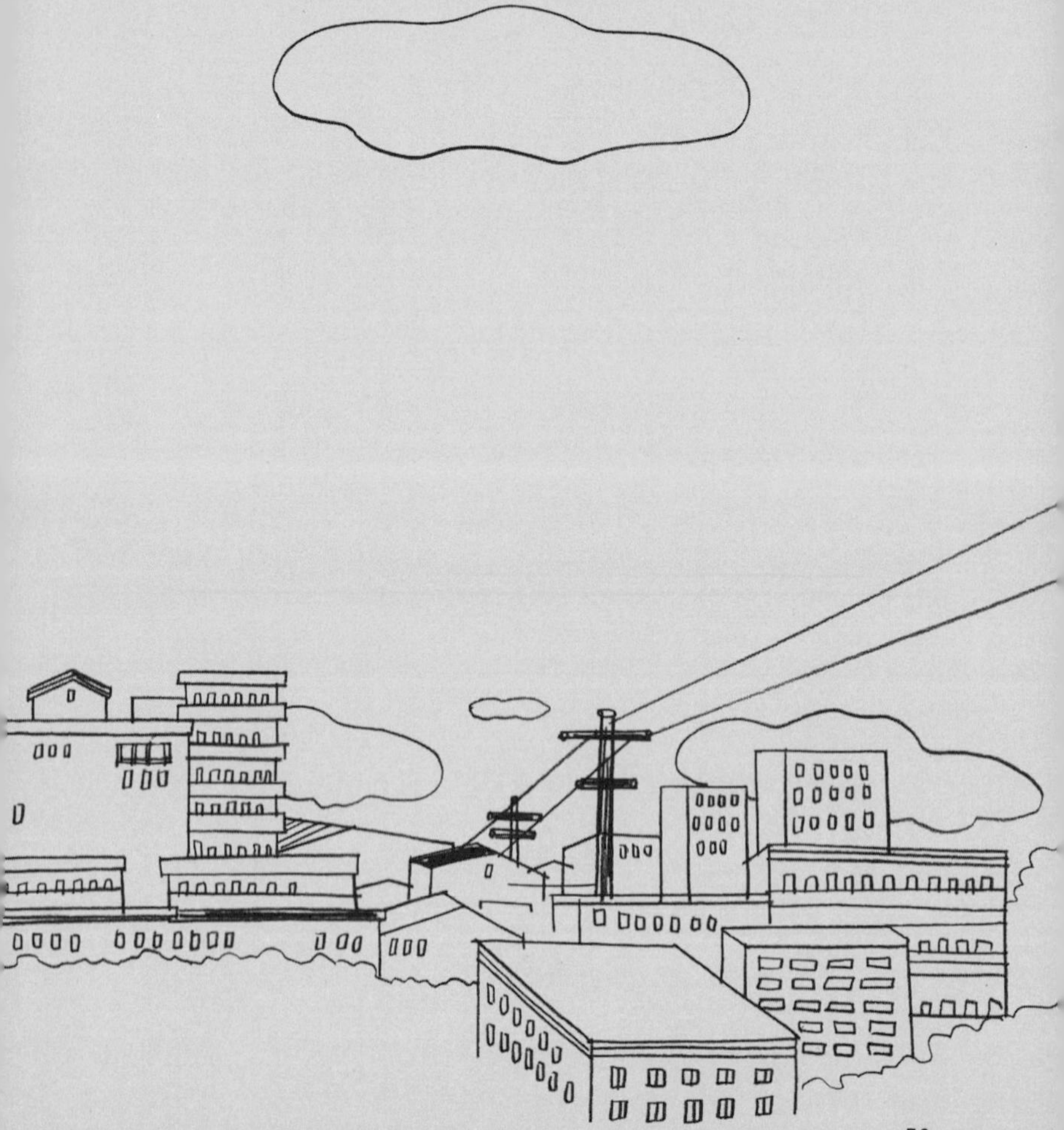

089

あきらめることで、
本当に自分の人生が
拓けることもある。
あきらめることで
本当に大切なものが
見えてくることもある。

090

過去を変えることは
できないが、
過去の解釈を
変えることはできる。

嫌なことや苦しいことやつらい過去があったとしても
「今、こンなに幸せなのだから、まあ、いいや」
と思うことができれば、
過去の解釈を変えることができる。
今の幸せのためには、過去の全人生が必要だったのだ。
つらかった経験の元を取れ。

現在

091

過去のつらさや未来の不安をできるだけ減らすのは、
「今」「現在」に集中して生きることだけなンだよね。
集中した今が、一瞬一瞬過去になり、一瞬一瞬未来をつくる。
それに、今、自分でどうにかできるのは、
過去・現在・未来のなかで、「現在」だけ。

092

今やらないことは、
きっと言い訳を続けて、**ずっとやらない。**

093

心がザワザワすることがある。
不安や、後悔や、意味もなく心がザワつくこともある。
そういうときは、**「今」できることに集中するンだよ。**
「今」楽しめることに集中するンだよ。
そうすれば余計なことを考えなくなる。
「どうにかなるのが人生ってものよッ」が僕のモットー。

習慣

094

今までの自分を変えるのは、
180度、0から始めることではありませン。

ちょっと習慣を変えてみる、
ちょっと見方を変えてみる。
長い目で見れば、大きな将来の違いになります。

ゆっくりゆっくり、
焦らずゆっくり、
良い方向に変わることが
できればいいな。

095

人生、サボったら、サビるよ。

096

考えてもどうにもならないことは考えない、
考えてどうにかなることを
一生懸命考える一日にしたいと思います。
そのほうが、心が軽く過ごせます。

097

心の調子が悪いときって、
気持ちの切り替えが上手にできていない。
上手く切り替えるためには、心のなかを、
悩みや不安で
ぎゅうぎゅうづめにしてはいけない。
何か楽しいこと、豊かなこと、
やさしいことが入り込める空間を空けておくのだ。

098

「今日やるべきことは今日やる」

明日になってもやるべきことが消えることはありませンから。
今日やるべきことを今日やらないと、明日が窮屈になり、
その次の日はもっと窮屈になります。
さーて、今日やるべきことを一個ずつ片付けていきます。

099

今日は、自分のためだけではなく他人のためにも、
他人のためだけでなく自分のためにも、
バランスよく生きたいと思っています。
どうぞ、良い一日を。

100

朝、しばらく、

ボーッとする時間を作るようにしている。


一日の始まりが焦りでは、一日中焦ってしまう。

そのボーッとしている時間に、

「何も恐れることはない、何も心配することはない」

という気持ちになる。

朝の、ボーッとは、おすすめです。

101

食べるときは食べることに、
寝るときは寝ることに、遊ぶときは遊ぶことに集中する。
そして、悩むときは悩むことに集中する。

四六時中、だらだらと悩みに
つきまとわれないこと。

そう割り切ったら、僕はずいぶんラクになったなあ。

今日も、それを実践しようと思います。

水木しげる先生の幸福の七カ条。いつ読ンでも心の救いになる。

102

第一条　成功や栄誉や勝ち負けを目的に、ことを行ってはいけない。
第二条　しないではいられないことをし続けなさい。
第三条　他人との比較ではない、あくまで自分の楽しさを追求すべし。
第四条　好きの力を信じる。
第五条　才能と収入は別、努力は人を裏切ると心得よ。
第六条　なまけ者になりなさい。
第七条　目に見えない世界を信じる。

どの項目も、
自分が
その気になれば
達成できる言葉だから、
救いがあるンだろうなあ。

自信

103

自信がないときって、自分の言動がグラつく。
誰かにこう言われた、他の誰かにはこう言われたと、
他人の影響を受け過ぎてしまう。
それは、表現も同じで、
自信をなくしている人の作品はグラついている。
自信を取り戻せるまでは、

多数の他人の意見を
当てにしないことが、
結局、一番早く
自分を取り戻せる。

104

「自信を持つ」＝

「自分を好きになる」。

ただそれだけのこと。

105

自信には、「根拠のない自信」と
「根拠のある自信」がある。
人には、どちらも必要。

どちらかの自信がないときは、
もう片方の自信が補う。
このバランスがいいと、人生がラク。

因みに、「根拠のない自信」は
子供のときに親から与えられるものなので、
精一杯肯定して子育てすべきだなあと思う。

短所

106

自分の短所が気になるときほど、
自分の長所も気にかける。
自分の短所ばかりを気に病むな。
まずは、自分の長所を伸ばすのだ。
そうすると、自分にも自信がついてきて、
強い心で短所に向き合える。
順番を間違えてはいけない。

「先に長所、そのあと短所」

単純だけど、大事な生きるコツ。

107

自分のダメなところを、誰も言わないからって、相手が気付いていないわけではない。

気遣いで黙っていてくれていることも多い。
もし、まだ誰も気が付いていないと思うのなら、
今のうちに直したほうがいい。
人に自分のダメなところを指摘されると、やっぱり傷ついてしまうから。

108

短所を直せというけれど、
短所は持って生まれた性格なので直りませン。
対処法を学ぶだけ。
直すべきは、短所ではなく、人としての欠点だと思う。

短所と欠点は違う。

失敗から得るもの

109

自分が
何かを得られるのは、
一回目の失敗と反省。

二回目からの失敗は、
自分の人間としての弱さ。

だから、
複数回重ねる失敗から、
人は得るものはない。

110

僕の言葉や僕の考えは、
成功して手に入れたものではなく、
失敗から手に入れたものなのだ。

ただ、**「失敗は最小限で、**
得るものは最大限」
ということは心がけています。

人生にはあらゆる失敗があるけれど、
それは一回でいい。

111

「つらかった経験の元を取れ」

心配するな。
泣きたいぐらいのつらい経験が、
泣きたいぐらいの幸せに繋がったことが何回もあった。
つらいことをつらいままで終わらせてはいけない。

112

過去には本当に
つらい日もあったンだけど、
今日はあの日から一番遠い日。

113

「大きなこと」とは、結局、
「些細なこと」の積み重ね。
良い意味で大きなことを成し遂げるには
些細なことを積み重ねるしかないし、
悪い意味で大きなことにならないためには、
「些細なことのうち」に解決しておくのだ。

「些細なこと」をおろそかにすると、
ロクなことにならない。

114

「小さなことに気づく力」は
大切だなあと思います。
小さな変化に気が付くことができれば、
大事になる前に
問題を最小限にとどめることができます。
心もモノも絶えず変化していますが、
小さな変化に気が付く五感を磨きたいと思います。

115

少しずつ、少しずつ、上を見ながら生きる。

人は少しだけ背伸びしていると、本当に背が伸びる。
あまり無理をし過ぎても身につかないし、
まったく向上心がないのも人生つまらない。

116

自分の限界に挑戦して負けたのなら、それはしょうがない。
負けるということの意味を理解し、次に繋げる。
そして、自分の極限をいとも簡単にやってのける
他人がいることもある。

しかし、「運命は努力する人間を裏切らない」。

中途半端に頑張って、何かを成し遂げたような
訳知り顔になることが一番タチが悪い。

117

生きていると、必ず失敗や間違いはある。

だけど、反省も後悔も、そのとき一度でいい。

真摯に深く反省して後悔して、自分の血肉になったら、
さっさと次に進むのだ。
繰り返しだらだらと悩まないこと。
しかし、同じ種類の間違いや失敗を繰り返しているときは、
自分が駄目になっていると気づくべきなのだ。

118

敗者復活戦のコツは、
「負け」をなるべく引きずらず、
そのとき得た教訓や学びを忘れないことである。

ただの負けではなく、
「意味のある負け」に変えるのだ。

負けるにしても、したたかに負けよ。

119

「経験」の量が、
「質」へと変化していないときは、
その経験は間違っている。

120

自分の今いる場所が、
自分の実力。

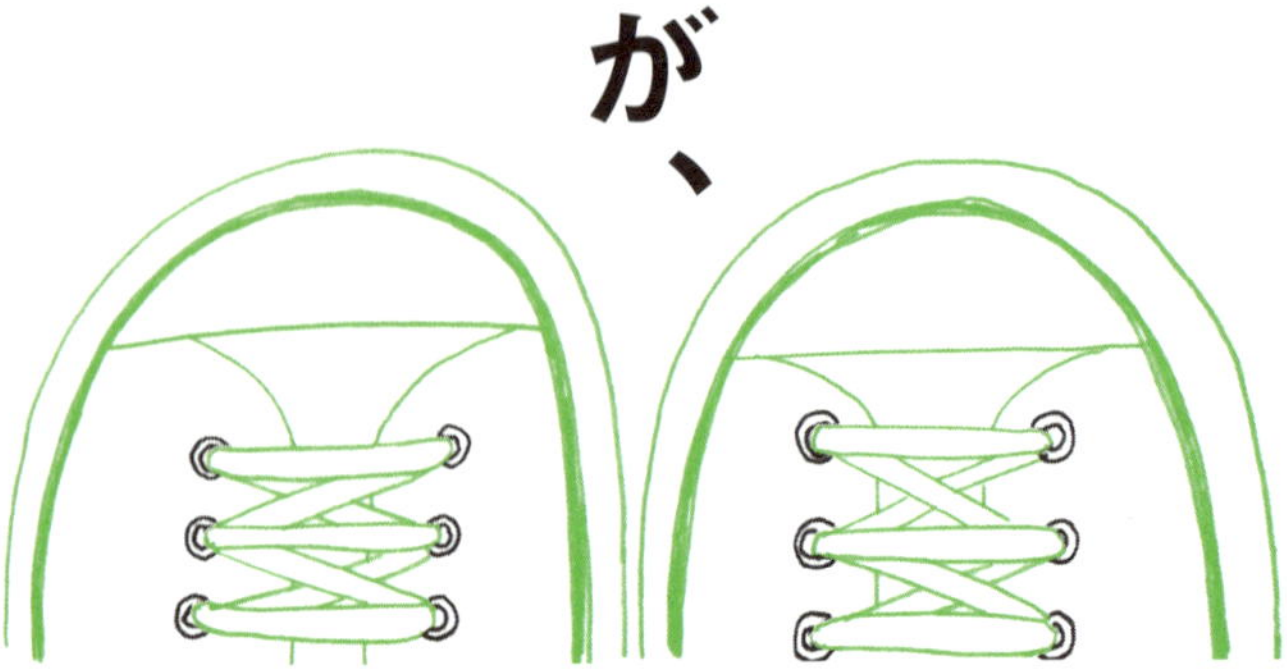

121

自分の一番良かったときの能力を、
自分の実力として認識するべきではない。

アベレージの能力が、
自分の能力だと認識するのだ。

実力以上の一番できたときを
自分の能力だと設定すると、
大抵、日常につまずく。

122

才能でも、運でも、幸せでも。
与えられたものよりも、
自分が取りに行ったものが本物ですよ。
与えられたものは、いつ奪われるかわからない。
しかし、自分が獲得したものは自分のものです。
誰にも取られない。

人に与えられるのではなく、自分が取りに行くのだ。

123

世界は広く豊かで美しいが、
取りに来た者だけに与えられる。
世界は平等に存在するが、
向こうから平等に振り込まれるもンじゃない。

僕らはいつだって、
こちらから何かを
取りに行くのだ。

その過程が
「努力」と
呼ばれている。

124

自分よりも強い相手と勝負するのが一番の勉強になる。

125

自分が自分の分野で一流になりたければ、

自分と違う分野の一流に積極的に触れるのだ。

「一流」とはどういうことなのか、客観的に理解できる。

本気

126

人の本気を笑う者が許せない。
中島みゆきさんの『ファイト！』という曲の、
「闘う君の唄を　闘わない奴等が笑うだろう」
という歌詞を聴くたびにグッとくる。
誰もが皆、賞賛してくれる闘いはない。
しかし、その闘いが何であれ、

闘う勇気のない者は、
せめて闘う者を笑うな。

127

僕が好きな人は「本気」な人たちである。
本気で生きている、本気で作品を創っている、
本気で仕事をしている。
僕が嫌いな人は、本気の人をちゃかす人である。
「何、マジになってンの？」などと口にする人である。
本気の人と、それをちゃかすだけの人。

本気の人だけ前に進める。
ちゃかす人って
結局何も成し遂げない。

128

仕事でも人間関係でも、
「面倒くさい」の後出しは大抵駄目になる。
最初に、こンな面倒くさいことが
起きそうだということを伝えておかないで、
次々と後出しで面倒くさいが続くと、
精神的にも実務的にも負担が増える。

**想定できる面倒くさいは
先に伝えておくほうが
何事も上手くいきやすい。**

129

世の中や、自分の心は驚くほど単純で、

ただ、自分がそれを
できないことや、
やらないことの
言い訳が複雑なだけ。

130

好きを突き詰めた先に、成功がある。

もっと好きに生きるべきだ。
そういうと、怠けてもいい
みたいに思う人がいるけれど、逆なンだよ。
嫌いなことで成功した人を見たことがあるかい？
好きなことだから頑張れる。
もっともっと、好き勝手に生きていい。

131

これはずっと感じている
ことなンだけど、
人の失敗を望む
メンタリティの持ち主に、
己の成功はないね。
「おまえも頑張れ、
俺も負けないけどな」
っていう人が結局成功に一番近い。

人の失敗を望む負の気持ちが、
自分を高めてくれるわけはないよ。

132

嫌いな人を応援しろとは言わないが、
嫌いな人の足を引っ張り始めたら、
人間が腐ってきたということ。

133

他人の勝ちは自分の負けではないし、
他人の負けが自分の勝ちでもない。

134

世間とは、夢を叶えた者にはやさしいが、
夢を追いかけている者には冷たい。

夢を叶えた者は、
必ず夢を追いかけていた
ときがあるのにね。

135

大きな夢を叶えるためには、
まず、近くの小さな夢を叶えるのだ。
近くの小さな夢を具体的に叶える日々が、
やがて遠くの大きな夢を叶える。

大きな夢を叶えるためには、
夢を小さく分解するのだ。
小さく分解された夢を「目標」と呼ぶ。

136

真剣になれ、

深刻になるな。

137

才能とは、続けること。
続けられること。

変えない勇気

138

何かを始めるのは勢いがあれば簡単。
やめるのも簡単。
ただ、始めたことをやり続けることが難しいのだ。

だから、色々な不平不満や
苦しいこともあるだろうけど、
長くやり続けていることは、
自分に向いていた
ことなのだと思う。
変われなかったのではなく、
変えなかった今日という日。

不屈な心

139

僕が尊敬する人は、己の苦悩を、
人のせいにも、時代のせいにも、
社会のせいにもしない人である。
すべて自分自身の問題と
受け止める人である。
人生に、一時的な停滞があっても、
ねばり強く前進を続ける人である。

「不屈の人」に、もしくは
「不屈を目指す人」に
なりたいと常に思う。

140

自分の世界が小さく狭い人ほど、人を疑う。
創作の世界も例外ではない。
時代劇を書いていると、歴史にちょっと詳しい人に限って
「そンなことはあり得ない」と疑う。
歴史通の人は
「もしかして、そンなことがあったら楽しいだろうな」
と作品を楽しむ。
何事も、半《はん》可《か》通《つう》が一番厄介だ。

世界を広げて、世界を楽しめ。

141

意見が合わないからその人は嫌いじゃなくて、
あの人が好きだから違う意見も
受け入れてみるってなればいい。

意見が違う者は皆が敵、
意見が合う者だけが
自分の味方

では自分の世界は狭まるばかり。

142

「自分の世界が広い」人ほど、
他者を許容できるようになることは確かだな。

143

「悩む」ことと
「考える」ことは違う。
悩むことで問題は解決しないが、
考えるということは
最良の答えを見つけることということ。
それが駄目だったら、
二番目三番目に良い答えを
考え続ける。

悩むことは**心の領域**であり、
考えることは**実務の領域**である。
問題が起こったら、
悩みながらでもいいから
まず考えよ。
考え抜け。

感情と人生

144

「感情をコントロールする」と言った場合、
日本人の多くは
「つらくても我慢して、
自分のやりたいことをあきらめる」ことを
イメージするようだ。
それは実は間違っている。
本当の感情コントロールとは、

**「一時の感情に流されず、
自分が本当に
やりたいことは
何だったかを思い出す」**ことだ。

145

80年生きてきた実感として、
自分で自分の人生を
コントロールできるのは50%だ。
今は、それを割り切って受け入れている。
生きづらいと相談を受けることがあるが、

大抵、自分が
コントロールできない
50%のことで苦しんでいる。
自分でどうにかできる
50%をどう生きるのかと、
頭を切り替えるのだ。

146

人間は、嘘をつくことで、運に見放される。
正直でいることで、運を溜めこんでいる。

これは、非常に重要な人生の真理である。

147

人生をつまらなくする三つの「無」。

「無感動」

「無関心」

「無気力」。

人生の楽しいことは、
人に与えられるもンじゃない。
自分で見つけるもンだ。

楽

148

人生は未完成で終わる。完成して終わる人生などないのだ。
なりたかった自分にはなれない。
だからこそときには、
「なりたかった自分になっているのだ」と思い行動することも必要だよ。
「思えば招く」。
いつも足りない自分を嘆くのではなく、

なりたい自分に
既になっているのだと
満足することがあってもいい。

149

何か判断に迷ったら、

人として美しいほうを選べばいいよ。

80の実感と体験として。

○×

150

人を判断するときに、
加点法の人と減点法の人がいるけれど、
人の欠点をあげつらう減点法の人より、
人の美点を見つけられる加点法の人のほうが
人生豊かだよね。
僕は加点法の一点突破型で、
十のうち一つでもいい所があると、
他の九つが駄目でもその人に惚れてしまう。

一ついいなら
すべて駄目よりいいと思う。

151

僕が、固く心に決めているのは
「人からの伝聞や噂で
人を嫌いにならない」ことである。
人の話には、必ずその人の主観が混じる。
逆に、やり取りのない人には、
勝手に自分像をつくられたくない。
人を好きになることぐらい、
人を嫌いになることぐらい、

自分一人で決めろ。

152

自分の人生つまンない、
いいことがなンにもない、という愚痴は、
聞いてもらっている人を
含めての愚痴だからね。
相手の人に、
あなたがいても人生つまンない、
あなたがいてもいいことがなンにもないと
言っていることと同じだからね。

153

愚痴や弱音や怒りは、
ときには吐いてもいい。
しかし、ずっとネガティブなことを
言い続ける人は自分のことばかり。
他人にも愚痴や弱音や怒りが
あることを無視している。
ときにネガティブなことを
言うのはいいが、それが自分の
人生の癖になっては駄目だ。
癖になっていることにさえ
気づかなくなる。

154

僕は自分を人前で卑下しない。

自分を立派だと思っているからではなく、
まったく逆の理由からだ。
たとえば、自分の生い立ちや
老年であることや
自分の現状などあらゆることについて。

そのことを口にした途端、
相手に「そンなことないですよ」
と言わせる責任を負わせてしまうから。

155

自分という人間を、「嫌い」で作り上げては駄目だ。「好き」で作り上げなさい。

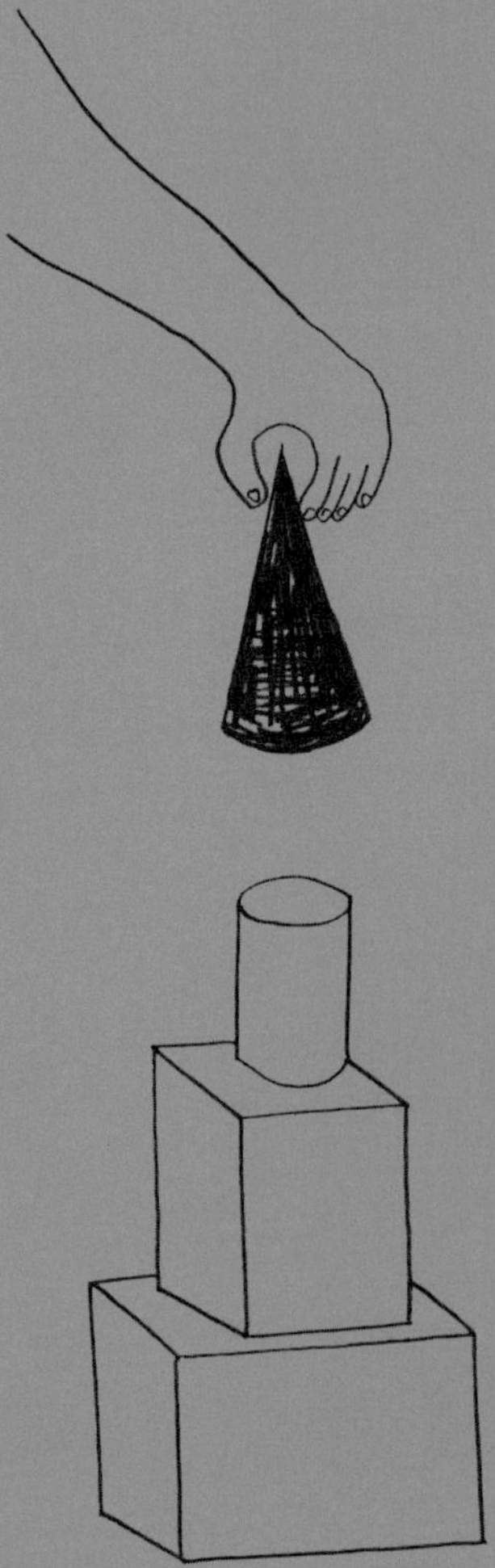

156

すごく簡単な人生の結論なのだが、
「生き方にブレがない」人が一番生きやすいし、
そしてブレのない人ほど、
他人の意見も素直に取り入れられるンだなあと思う。

自分軸で生きていくことの大切さ。

157

自分の性格、容姿、才能、すべて。
「これが自分だ」と心を強く持て。

自分が自分を嫌いで生きるには、人生は長過ぎる。

158

他人に嘘はつけるけど、

自分は自分に嘘はつけないからね。

159

自分にとってはどうでもいいことでも、
誰かにとっては大事なこと。

自分の嫌いな人でも、
誰かにとっては大切な人。

自分にとっては的外れな言葉も、
誰かの心を震わせる言葉。

自分は自分、人は人。

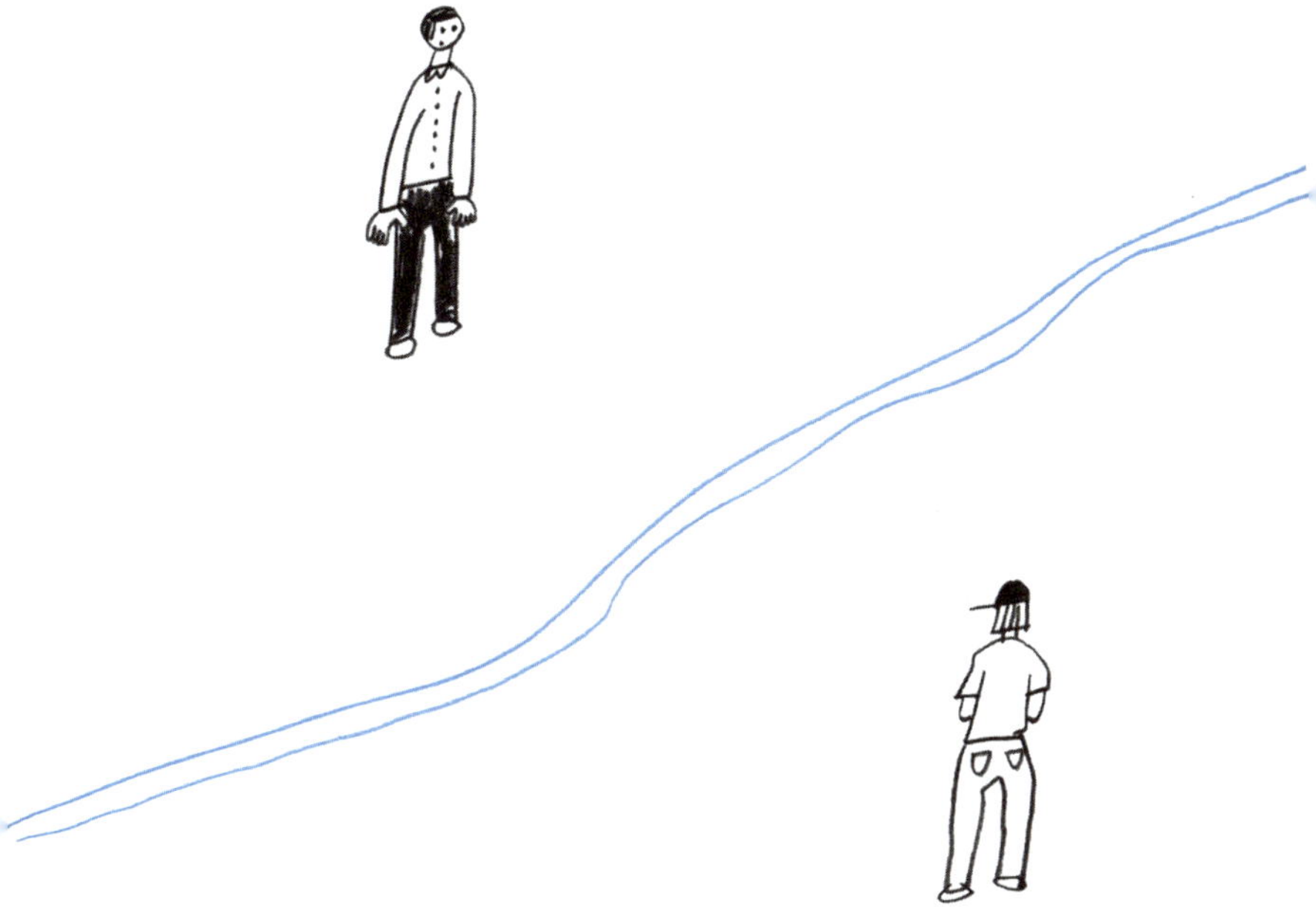

160

意地悪な人って
顔に出るというよりも、
表情に出るね。
生き方は顔に出る。
特に、歳を重ねると容赦ない。

口でどンなに取り繕っても、人生の来し方は顔に表れる。

161

外見は内面の一番外側なので、
身づくろいをすると、
自然と内面（こころ）が整い、
堂々とふるまえる。
だから、外見で人を判断するのは、
悪いことではない。

162

「話し合えば分かる」と人が言うとき、
それは、話し合えば「自分の主張が通る」
という意味で使うのだ。
話し合って、相手の意見を尊重する
という意味ではない。
だから、僕は、

「話し合っても
分からないでしょうから、
落とし所を
見つけましょう」と言う。

163

愛があろうがなかろうが、
人を貶《おとし》める言葉は相手の心を確実に傷つける。
それが分かっていない人が増えた。
そういう人に限って
「俺は根に持たないタイプだから、
今言ったことで終わりだから」
なンて言ったりする。
言われた相手はしっかり傷つき
しっかり根に持っているンだよ。

言葉に鈍感な人は、
心も鈍感。

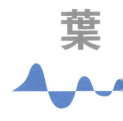

164

言葉って、武器であり、凶器だからね。

傷つけられないように、
自分から防衛しておくことはすごく大事なこと。
人を傷つける言葉に無《む》頓着《とんちゃく》な人っているでしょ？
確信犯的に人を傷つける輩《やから》もいる。

「私は、こういうことを言われたくない」と、普段から意思表示しておくのだ。傷ついてからでは遅い。

165

今自分が言おうとしている言葉が、
相手の人間の記憶に一生残る、
相手を一生苦しめるかもしれない、
という覚悟がないのなら、

その言葉は
自分が飲み込むべきなのだ。

166

どンなに綺麗な薔薇《ばら》の花束を貰ったって、
棘《とげ》が残っていたら傷つくし、血も滲《にじ》む。
自分が誰かに言葉を発するときも、
言葉の棘《とげ》がちゃンと抜いてあるか、
確かめてから言葉を送るのだ。
薔薇《ばら》も言葉も一緒。

167

もっとより多くの「言葉」を獲得するのだ。

心で負けていなくても、
言葉でやり込められるのはとても悔しい。
自分の思いが過不足なく伝えられる「言葉」を磨かないと、
人生において大きな損だ。

たとえ、僕らが詩人ではないとしても、
言葉を獲得し続けるのだ。

小さな子供が、自分の感情をうまく伝える言葉を
まだ持っていなくて、
癇癪《かんしゃく》を起こすときってあるでしょう。
大人でもあります。

自分の複雑な思いを、相手にちゃンと伝える言葉を獲得することで、
ストレスを減らせます。

168

人間は言葉で思考する。

だから、年を重ねたアイドルを見て「劣化」とか、
精神が弱った人を「メンヘラ」だとか、
一線から外れた人を「オワコン」
などという言葉が頭に浮かんだら、
自分の思考は汚い言葉に毒されている、
負けていると思ったほうがいい。
劣化しているのは自分。

169

モンゴルに「逃がした馬は取り戻せるが、
放った言葉は取り戻せない」
ということわざがある。
それはネットでもリアルでも同じこと。
自分の使う言葉は、自分そのものだから。

自分の使う言葉は、
自分の内面の一番外側。

170

言葉と言葉が通じる人は、
かなりの確率で心も通じる。

言葉と言葉が
かみ合わない人は、
かなりの確率で
心もかみ合わない。

171

自分に対する
罵倒《ばとう》や言われのない批判や
あてこすりを言う者には、
同じ土俵に上がって争うのではなく、
そンな者たちがついてこられないほど、
自分自身が遥か高みを目指すという
戦い方を僕は選ぶ。

172

心弱い人のほうが、怒鳴る、裏切る、
嘘をつく、見栄を張る、群れる。
不快なことに出合ったら、
この人は心弱き人と哀れむのだ。

けっして心弱い人と
同じ土俵の上で争うな。

173

人を好きになるということは、
その人に期待をするということ。
できることなら、
相手の期待に応えてあげたいけれど、
自分の人生は人の期待に
応えるためにあるわけじゃない。
だから、人に対する期待が
大き過ぎる人には気を付けるのだ。
勝手に期待して、勝手に失望して、
勝手に嫌いになって去っていく。

174

「自分の親や教師や上司の感情の都合に振り回されない」と悟るのは、早ければ早いほうがいい。

世の中には、自分の感情の都合で
態度を変える者は大勢いて、
それは自分の責任ではない。
それによって自分は振り回されないのだ、
と気付くのに早過ぎるということはない。

175

人の話を、まず否定で返し始めたら、
心が固くなっている証拠。
老いも若きも、男も女も関係なく。
一旦腹に収めて、それから否定、肯定しなくてはね。

176

そして、人からの指摘を言い訳で返し始めたら、
自分は負けているという証拠。

177

泣いてはいけないときがある。
たとえば、議論をしているときに泣いてしまえば、
それは議論ではなく、情緒論や感情論になってしまう。
人からはそう見えてしまう。
自分の感情に嘘をつくことはないが、
我慢しなければいけないときもある。

178

どんなに厳しい指摘であれ、
善意に基づくのなら、僕は受け入れる。
悪意に基づく意見には
それがいかなる意見でも受け入れない。
単純だけど、
それが僕の生き方のルールであり、
生き方のコツ。

179

「後悔」という言葉があるけれど、
僕は、「前悔」という造語を作っている。
やってしまったことの後悔は
どンどン小さくなるけれど、
やらなかったことの後悔は
どンどン大きくなる。それが「前悔」。

180

好きな人ができたら迷わず好きだと告げるべし。
これ！ と思うものは迷わず買うべし。
旅に出たいと思ったら行ける所まで行ってみるべし。
80になって、
やらなかったことの後悔が、
やってしまったことの
後悔より深いことを知る。
やりたいことをとことンやるべし。
今日限りの命のつもりで、
永遠に生きるつもりで。

181

「**時間を守らない**」というのは、
本当に人の信用をなくす。

時間にルーズな人は、
一事が万事で、心もルーズ。
人を待たせて、
その人の時間を奪っても
いいというおごりがある。

時間を守らない常習犯って、
あまり深く関わらないほうがいい。
僕の実感、体験として。

182

時間の一番の節約は、
急ぐことではなく、
確実にやることです。

「**悠々として急げ**」。開高健さんの言葉です。
時間に追われて、仕事が雑になりそうなときは、
この言葉を思い出します。

183

「幸せになる」ことよりも、
「幸せだと思われたい」人がいる。
「仕事ができる」ことよりも
「仕事ができる自分に見られたい」人がいる。

ことの本質からずれた
見栄を捨てると、
目的への最短距離を
行くことができる。

そして、人生はとてもシンプルになる。

「人を疑う」ことと、「真実を確かめる」ことは全然違う。

184

人を信用しても、「確かめる」ことを人に任せてはいけない。

確かめることを人に任せる阿呆《あほう》になるな。

ポーカーをする人が言った名言。

「すべての人を信用しろ、しかしカードはカットしろ」

「人を誘う」という行動は、人間の余裕の表れ。

185

人をもてなす、人を喜ばせる、
人を楽しませる余裕のある人ということ。
もし、あなたの周りに自分を誘ってくれる人がいたら、
その人を大事にするのだ。
余裕のある人は、自分を励ましてくれるから。

人を一番従順にさせるのは、支配する側の一貫性のない行動。

186

同じ行動をとっても、あるときは褒められ、あるときは叱られる。
これをされると、言われるがままの人になる。
子供や部下にこれをしていませんか？
誰かにこれをされていませんか？

人の話は、けっして雑に聞いてはいけない。

187

人を雑に扱う人の特徴は、人の話を雑に聞いていることだ。
だから、対応も雑になる。
僕が長年仕事をしてきて強く感じるのは、
人の話を雑に聞く人に、
人の期待を上回る仕事ができることはない。

男がモテる方法

1. 旅に出ろ
2. 本を読め
3. 人の悪口を言うな
4. 余裕を持て
5. 安くて美味い店をたくさン知っとけ

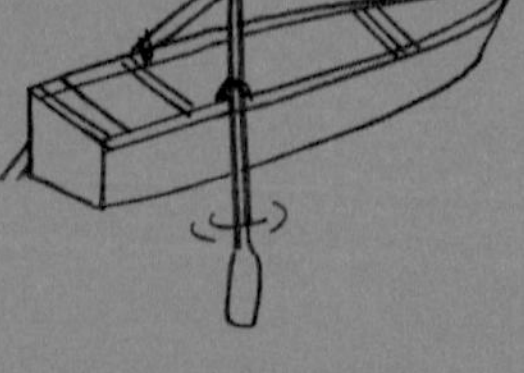

189

一番モテないのは、意地悪な人。

本当にねえ、男に言いたい。
容姿や年収や、地位や肩書きに寄ってくる人はいるだろう。
でも「意地悪」だけはモテないねえ。
やっぱり、「素直」「正直」が一番モテるね。

190

素直で正直な人は、たくましいから。
たくましいと、強くてやさしいから。

孤独と孤立

191

「一人の時間」と「誰かといる時間」
両方持っていますか？
生きていくには、両方必要なのだ。
一人の時間だけが長過ぎると孤独をこじらせるし、
誰かと群れてばかりでも
自分を見つめ直すことがおろそかになる。
意識的に二つの時間を持つようにすると、
心にメリハリができる。
そして生活にもメリハリができる。

192

偽の仲間で嘘笑いしているよりも、
真の孤独で泣いているほうがよほどまし。
そこまでして、人に気に入られようとする必要なし。
一人の孤独より、仲間内の孤立のほうが惨《みじ》め。

193

孤独は人を育てるけれど、
孤立は人を育てないンだよ。

「孤独」と「孤立」を混同しては駄目だ。

194

本当に「孤独」って人生の本質の一つなのだが、
この孤独の先に
家族や、恋人や、まだ見知らぬ人でもいいけど、
自分は誰かとまた会えるという
出会いの醍醐味《だいごみ》を知ったら、
もう自ら人生に
絶望しようとは思わなくなるよ。

あの人がいるから、
もうちょっと頑張って
生きてみるかって思う。

195

10代で頑張れなかったら、
20代で頑張ればいい。

20代で頑張れなければ、
30代で頑張ればいい。

何十代から頑張ってもいいのだ。

そうすれば、行きたかった場所には
行けないかもしれないが、

**行くべきところには
辿り着けるだろう。**

196

昔は、人の魅力は30代から分かる
という言葉があったけれど、
現代は少し遅れて40過ぎぐらいから魅力が分かる。
人相や立ち居振る舞いが固定化して、
内面が如実に外面に表れる。

急にカッコいい中年に
なるのではなく、
カッコいい若者が
カッコいい中年になる。

もう、スタートしているンだよ。若者よ。

197

肉体は年を取る。
経験も年を取る。
感性も年を取る。
だけど、**感情だけは年を取らないよ。**
本当に。
良くも悪くも。
80歳の実感として。

198

僕や、僕の出会った人たちを見ていると、
40代ってその後の人生の何十年間を決める。
20代は負けン気で、
30代はまだまだ若さが残っていて
可能性も残っている。
40代後半って、
余程上手く行っていない限り、
人生に詰まる時期なンだよ。
でも心配することはない。
80の僕が言う。
これからこれから。

199

「年を取る」と「年を重ねる」の違いに
気が付いたときから、
年を重ねていくことができるようになる。

**年を取るのは、
自動ドアだけど、
年を重ねるのは、
自力で重い扉を
開けていくということ。**

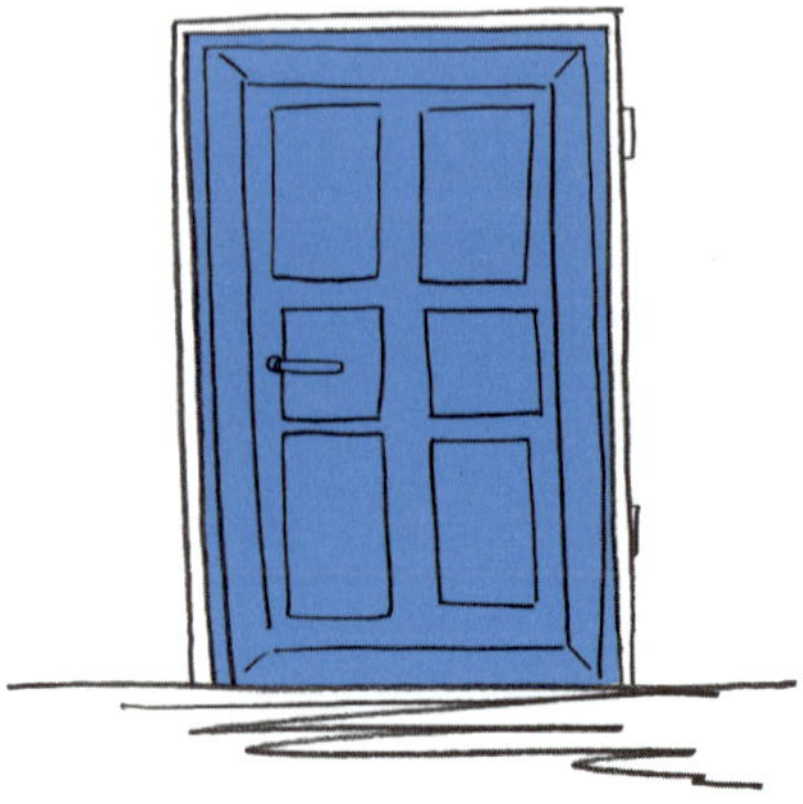

200

ちゃんと「若さを卒業していく」のは、とても大事なこと。

おじさン、おばさンになることに抵抗するより、
どれだけカッコいいおじさン、
おばさンになれるのか努力したほうがいい。
若さを卒業しそこねて、若さをこじらせた、
カッコ悪い大人になるな。

201

斜に構えているのが
カッコいいと思っているのは、カッコ悪いぜ。
カッコいいと思っているのは自分だけ。
子供時代の反抗期を続けているみたいな、
カッコ悪い大人になるな。

「世界を、真っすぐに見るのだ」斜に構えていると、人生もナナメにしか進めない。

未成年のみなさんへ

202

僕のフォロワーさんには、
たくさんの未成年の方がいるのであえて言う。

すべての大人はあなたを
無条件には愛してくれない。

自分の身近な大人が自分を肯定してくれない、
愛してくれないことはある。

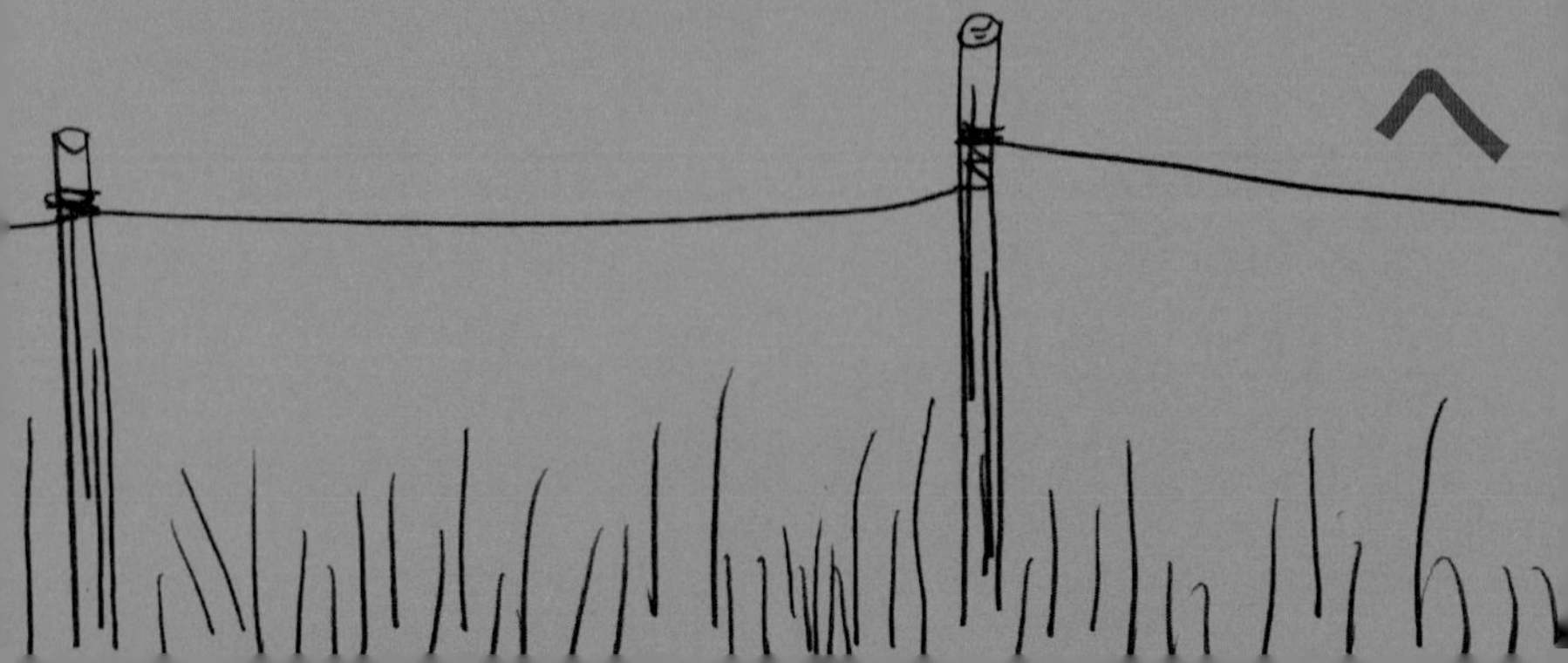

大人はまだまし。逃げ道がある。
しかし、逃げ道がない子供だったら？
親や教師が苦痛を感じる人たちだったら？
間違っても、グレてしまうことが
カッコいい武器などとは考えないように。
生きていくうえで正しい武器を手に入れなさい。

無条件で受け入れてくれる
大人や世間ばかりではないだろうが、
無条件であなたを
愛してくれる大人は
絶対にいる。

準備する

203

「練習が仕事で、競技は集金」。

トッププロの競輪選手の言葉らしい。

生々しいが、様々な職業の本質を突く言葉だ。

そういえば、「練習は本気、本番は遊び」

と言った野球選手もいた。

何事も、本番が来る前に
大方の勝負はついているのだ。

204

今日は、「準備を怠らない」精神でいようと思います。
チャンスは、準備をしていた人が摑み、
準備を怠った人は摑めません。
準備を怠っていたために、
100%の力が出せなかった経験は
誰にでもあるのではないでしょうか。

日常は、準備の日。

205

それでも、僕の経験からすると、
準備なンて100%できないンだよ。
未来の不確定要素をなくしたつもりでも、
絶対に思いもよらないことが起きる。
そンなこと、いちいち気にしていたら、何もできない。

着地点を考えずに
飛ぶことだって
人生には必要。

206

何か大事なものを失いそうになって、
あわてて行動を起こしても大抵手遅れ。
大事なものを失いたくないのなら、

手中にあるときから
失わない努力をするのだ。

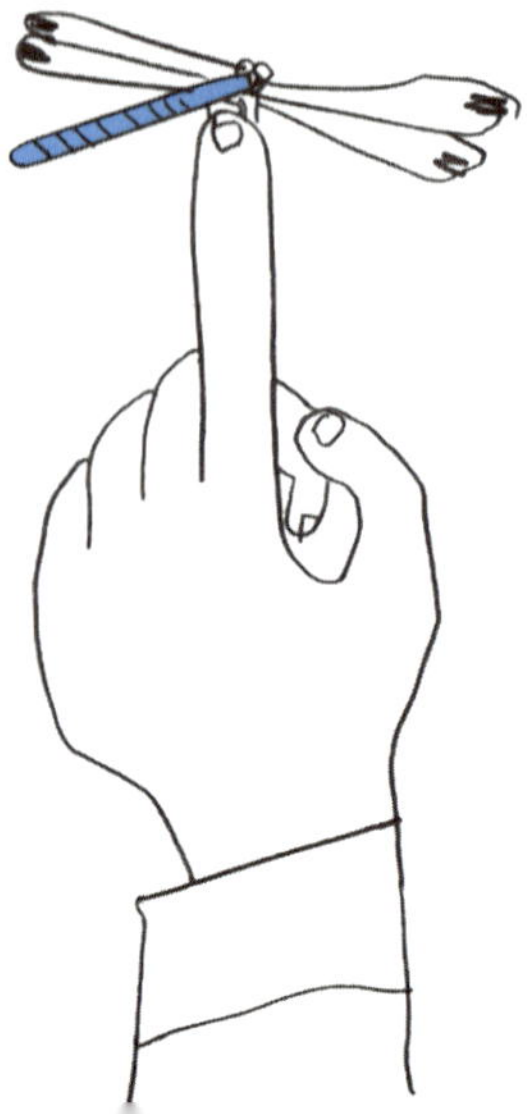

207

生きていると
「今のうちならまだ引き戻せる」というときが何度もある。
その引き戻せる道標を無視して行くと、行先は地獄。
その道標は、何度も何度もあなたに引き戻せと注意を促すが、
ある段階を超えると、道標さえなくなる。

自分が自分に戻る道を失う前に、
早めに引き返すことが
大切な生きるコツ。

208

何か問題が起こったとき、
急いで答えを探すのではなく、
まずは「正しい問題そのものを探す」
ことのほうが先だと思う。

正しく問題を認識しなければ、
正しい答えが出るはずもない。

正しい問いを発見することが、
正しい答えを得る一番の近道だ。

209

この世の中、
分からないこと、知らないことばかり。
ただ、分からないなりに、
知らないなりに最善を尽くす。

分かったフリ、
知ったフリをやめると、
分かるべきこと、
知るべきことが見えてきます。

210

「相手を許す」とは、無条件に
気が付かないふりをして許すのではなく、
あなたは私にこういうことをした、
しかし許しますと、ちゃンと言わなければ。
小さな怒りを笑顔で少しずつ我慢していたら、いつか溢れ出す。
大きな怒りを伴って。
そうなる前に、小さな怒りはきちンと処理しておくのだ。

211

勘違いや失敗や意見の相違は誰にでもある。
それに対する怒りの度合いがいつも釣り合ってはいない。
「怒り」の度合いは体調や気分やタイミングで大きく変わる。
「怒りで何かが解決はしない」
怒りをマイナスではなく、プラスに転じる癖をつけると、
ずいぶンと気持ちよく暮らせるようになる。

212

人が怒っているときって、
そのことによって心が傷ついているンだよね。
もちろン、怒りもあるのだが、
心を傷つけられた悲しみも大きい。
だから、誰かが怒っているときは、
その怒らせた原因だけを謝るのではなく、
「あなたの心を傷つけてごめンなさい」という
部分を謝らないと、謝ったことにはならない。

213

「惨《みじ》めさ」を、エネルギー源にできるか、どうか。
そこが分かれ道である。
どンなに成功した人にでも、
惨《みじ》めさを感じたことが何度もある。
むしろ、成功した人ほど、強烈な惨《みじ》めさを克服している。

「惨《みじ》めさを感じて、
腐らないこと」。

214

心が荒《すさ》ンできたときに、
真っ先に表れるのは、
見かけじゃない。声や口調。

だから、自分がどういう喋り方をしているのかを
常に気にするのだ。
人に気づかれる前に、自分で自覚できる。
まだ、傷が浅いうちに自分で気が付くことができる。

215

気力は体調によるし、体調は普段の生活による。
クリエイティブは気力によるので、結論から言うと、

クリエイティブでありたければ、
普段の生活を
きちンとしろってこと。

216

僕が今まで出会った「天才」は、
皆、優れた「観察者」であった。
逆に言うと、優れた作品を創り上げたければ、
「優れた観察者」でなければならない。

鈍感な者に、
優れた作品は創れない。絶対に。

217

才能は鍛えられない。ただし、集中力は鍛えられる。
集中力が鍛えられれば、才能も伸びる。
表現者のベースは、

才能よりも集中力にある。

218

「技術」とは、心が折れたり、
辛苦が成功に繋がらないときにでも、
ある一定の水準以上の仕事を
維持することができるということである。

スランプのときは、
技術という力業《ちからわざ》で乗り切るのだ。

そのうち、心が復活してくる。
それまで持ちこたえる技術を
身に付けるのがプロフェッショナル。

219

その業界で長く仕事を続けられるコツは、

「進化」と「深化」。

220

一つ一つ丁寧にこなし、

なおかつ遅れない

というのがプロの仕事である。

若い人に告ぐ

221

若い人に言いたいのは、
「自分が犠牲になって、いくらかの人を幸せにするよりも、
いくらかの人を切って、自分を幸せにすること」を選べということ。
自分の不幸の上に成り立った人の幸せの数より、

**自分が幸せになることによって
人を幸せにできる数のほうが
ずっと多いよ。**

222

「今」を生きるためには、「昔はよかった病」に罹《かか》らないことなンだけど、

若い人も結構この病をわずらっている人が多いなあ。

223

80歳になって、若い頃には誰にでもできることが、
できなくなることが増えた。

でもね、誰にでもできることができなくても、
誰にもできないことが一つあればいい。

僕にはその一つがある。若い人に告ぐ。
自分だけにできるたった一つがあれば、
年を取っても生きがいを持って生きられるよ。

224

自分に才能がある、と作家が言ったら、
その人には才能があるのだ。
女性が私は綺麗だと思えば、その人は美しいのだ。
自信を失ってうなだれた者の頭上を運は通り過ぎていく。

特に若い人は、
自信過剰ぐらいでよろし。

年を重ねると、いやでも自分の「分」を知ることになるのだから。

225

「人は、自分が自分を思うほど、
自分のことを思ってはくれない」
ということに気づくのが大人になるということ。

幼児性の強い人は、人の興味がそれほど自分にないことが
理解できず、自分語りを続ける。
相手の嚙み殺したため息にさえ気が付かない。

226

早熟な子供が、
成熟した大人になれないことは
とても多い。

227

子供と大人の大きな違い。

子供は与えられて成長し、
大人は自分から
探しに行くことで成長する。

228

人が成長していくということは、
嫌いな人が増えていくということ。

子供の頃は、大人に守られて、
好きな人に囲まれている。
しかし、成長すると、意見の違う人、
立場の違う人、利害関係、その他たくさんの理由で
嫌いな人が増えていく。
でもね、それはけっしてネガティブな意味ではなく

自分が世間で成長した証拠。

何十年と教える仕事をしてきてすごく実感するのは、

「素直な人」＋「自分で考える人」が一番伸びる。

妄信《もうしん》、盲従《もうじゅう》ではなく、人の意見も素直に聞き、自分でも考える。
単純だけど、一番の学習方法だと思う。

230

生きるヒントは、
好きな人からだけではなく、
嫌いな人からも得ることが
多いことに気づいた人は、
人生の幅が広がるよ。

231

他人の勝ちは、自分の負けではない。
誰かの得は、自分の損ではない。
他人と自分の比較は
一生キリがないし、無意味。
あンな人になりたいなあと
努力するのはアリだけど、

自分が自分に
満足できたら、
それで幸せ。

232

知る
↘
解る
↙
行動。

知るの段階で満足してしまう人が多い。
ネット社会では特に。

行動してなんぼ。

行動のための、知る、解る、なんだけどなあ。

233

今日も、僕はたくさんの**失敗**をして、
たくさんの**正しいこと**をするでしょう。
それを、注意されたり、褒められたりして、
自分を鍛え、
思考を鍛えたいと思います。
失敗ばかりでなく、
正しいことばかりでなく。
それでいいと思います。

234

正しいことは「正」だけど、
自分がその正しさに傷つくのなら、
それは自分にとっての
「正」ではないと思ってもいいときもあるンだよ。

世の中の「正」が
自分の「正」と違うこともある。
ただ、世の中の「正」と
違う基準で生きているときは、
自分にも他人にも
「正直」であること。

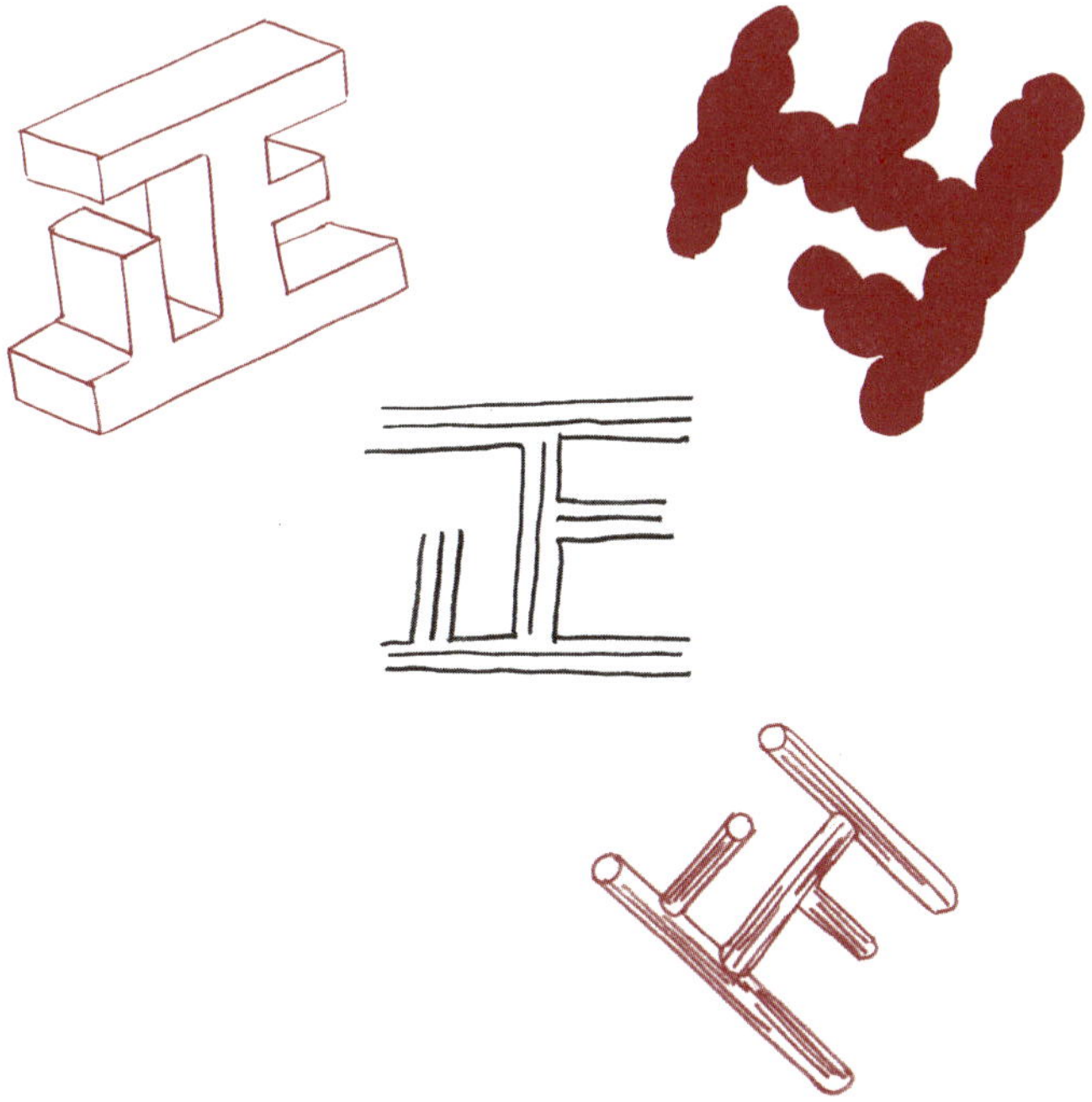

235

人格（性格）の核を決めるといいよ。

驚くほど、何事にも素直に対処できるようになるから。

それは、自分がラクになるだけでなく、

周りの人にも分かるから。

自分で人格を使い分けている者は、

やっぱり周りも薄々感じているよね。

自分の核を作るとは、

自分の感情に仮面を被らないことだと思う。

嬉しいときは心の底から楽しみ、

悲しいときは心の底から涙を流すというふうに。

「外面と内面の差をなくす」のです。

社会を渡るには、建前が必要だけど、

それでもなるべく仮面を被らない。

「正直」と「素直」が自分の核を作ります。

そして、自分の核がないと、人にYESとは言えても、

「それは違う」「私はそれが嫌だ」という、

NOが言えなくなるンだよね。

核のない人間は、弱くて、人に流されやすいから。

236

人格（性格）をいくつも
使い分ける者ほど、
人生は苦しい。
たとえば、人に感謝の弁を述べながら、
柱の陰で舌を出すような者である。
心配するふりをしながら、
心の中でザマーミロと
思うような者である。
その人格は、自分自身も
同じように見つめ返すのだ。
喜怒哀楽に一つの人格を
集中できない者は心が歪む。

237

ツイッターは気軽なツールだけど、
人に対する言葉の重みが軽くていいわけではない。
人に対して雑な接し方が許されるわけではない。
僕は、「ネット」が「リアル」の対義語ではなく、
その同じ人の一面だと思っているので、
ツイッターで人に対して雑な者は、
リアルな人間関係でも人に雑な者だと思う。

238

ネット上での、人の見極め方が身に付いてきた。
もちろん、自分に対する異論、反論、
何でも受け止めたいと思っているのだが、
根底にあたたかなやさしさのない意見には
耳を貸さなくていいんだよ。
「怒り」が基本的な感情の失礼な人は
無視すべきだと分かって
ずいぶんとやりやすくなりました。

239

ネットを見ていて、すごく気になるのは
「人を見下す」ことが蔓延していることである。
人に対する好き嫌いや、ことの善悪の判断や、
意見の応酬はあってしかるべきだが、
もう、とにかく「人を見下す」が基本スタンスになっている。
しかし、人を見下している人って、
大抵自分自身の背中は無防備だ。

240

ネットを見ていると、
見ず知らずの人を裁いている人を多く見かけますが、
自分が人に赦《ゆる》されている可能性に気が付くべきですよ。

241

他人を見下したり、攻撃的なツイートする人って、
どういう人なンだろうと思って覗いてみると、
共通点がある。
「自分の世界が狭い」
自分の狭い世界での意見なので、
自分と同じ意見でなくては気に入らない
→意見の違う人は攻撃対象だとみなす→礼節《れいせつ》を持たない
→人に相手にされず、より世界が狭くなる、という悪循環。

242

匿名で醜いことを書き込ンでいる者は、
匿名だからって油断しないほうがいい。
リアルなあなたの表情に、仕草に、声に、態度に、
内面の醜さは滲《にじ》み出るから。

243

僕の休みの日の過ごし方は、
「のンびりし過ぎず、急ぎ過ぎず」です。
のンびりし過ぎると、せっかくの休みがもったいないし、
急ぎ過ぎては休みの意味がない。

だから、のンびりし過ぎず、
急ぎ過ぎずです。

244

僕は、生きるための極意は
「リラックスした人生」だと思う。
戦わねばならないことも、
怒りの声を上げなければいけないことも多々あるけれど、
基本姿勢はリラックスして気持ちに余裕があること。
深刻になり過ぎないこと。これはね、とても大事なこと。

245

自分が得意なことを、**人が不得意でも馬鹿にしない。**
自分にできることを、**人ができなくても馬鹿にしない。**
自分が知っていることを、**人が知らなくても馬鹿にしない。**
自分が手に入れたものを、**人が持たなくても馬鹿にしない。**

246

毎日毎日忙しいけれど、
マイペースで生きることはとても大事なことです。
相手の時間にも合わせなくてはいけないけれど、
基本は「マイペース」。
マイペースが一番人生の質も仕事の質も良くなります。
自分の時間で頑張ります。

247

「わからないこと」を「つまらないこと」と同等に考えて、
そこでシャットダウンする癖がつくと、
人間はまったく成長しない。
わからないことの中にこそ、
たくさんの楽しいことが潜んでいるのだ。
「わからないこと」の否定は自分の否定だ。

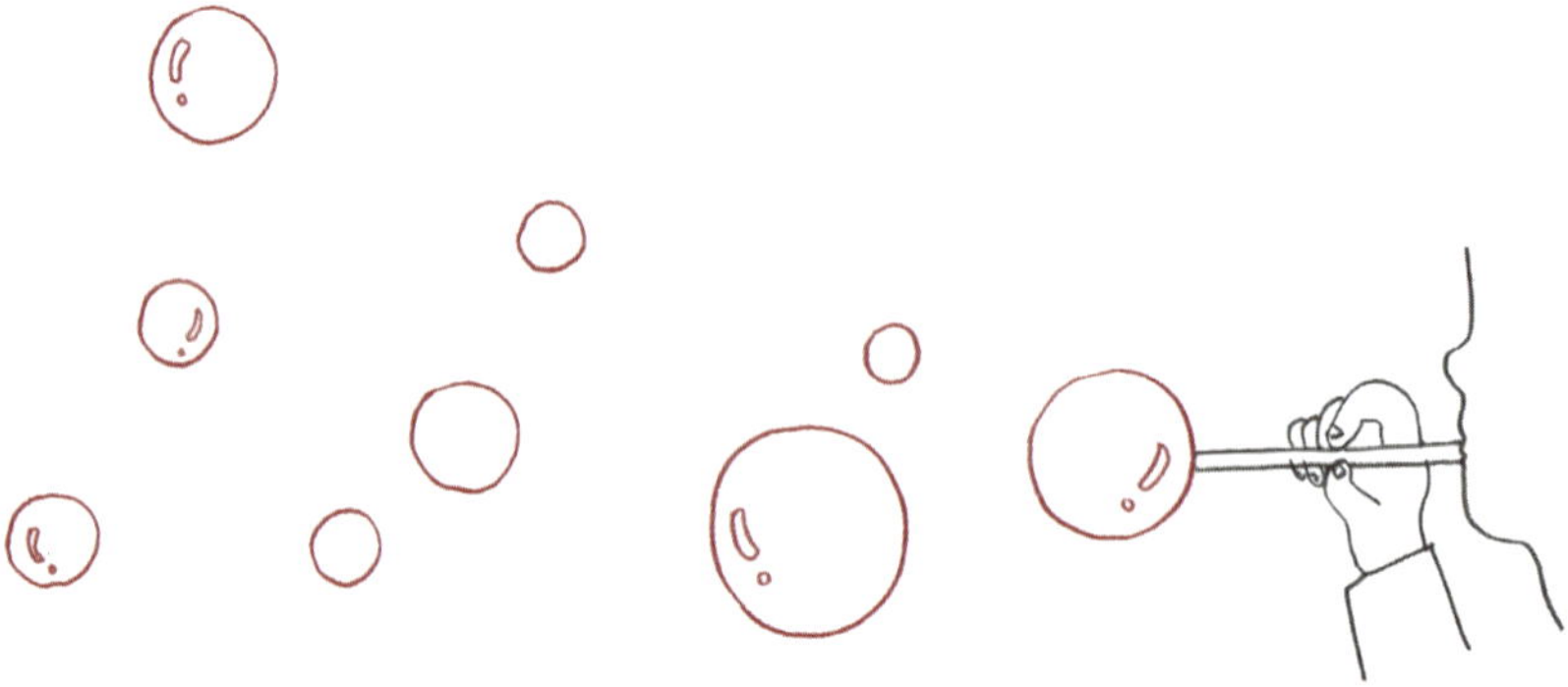

248

自分が**嫌な言葉**を
吐きそうになったり、
負の感情に陥りそうなときに、
僕をとどめてくれるのは
大事な人がいるから。
その人が**やさしい**から、
ブレーキがかかる。
だから、人に**悪態**ついたり、
暴力的な人って、**腹が立つ**よりも、
そういう人がいないのだろうなと**同情**する。
失うものがない者と戦うな。

249

自分の人生を**慈《いつく》しむ**ことと、
他人の人生を**尊重する**ことは、
選択したり対立することではなく、
どちらも大切にするということ。

250

「**社会に出たらそンなことはたくさンあるぞ**」
という叱り方をする親や教師がいるが間違っている。
大人だって、リストラで苦しンでいるときに、
どこかの国の難民に比べたら幸せだと言われても、
頓珍漢《とんちんかん》過ぎるでしょう。

供たちには、
今がすべてなのだ。

今悩ンでいる子
今が社会なのだ。

そういう叱り方はやめるべきだ。

251

たった一つの悩みに、
たった一人の嫌いな人に、
たった一つの失敗に、
人生を台なしにされるのは
もったいないと思いませんか？

1000のうちの
たった一つや二つが、
残りの999や998に
影響されるのは、
すごくもったいない。

252

嫌いな人のことで悩むことなどない。
嫌いな人のことを考えてしまうのは、
嫌いになり方が足りない。

本当に嫌いなのなら、
その人物のことを
考えることさえやめるのだ。

悩んでいること自体が、
その嫌いな人の影響下にあるということ。

僕は、嫌いな人には、
徹底的に無関心でいることで
嫌いな人を克服した。

253

ある人にとっては、
もう呼吸をするみたいに簡単なことが、
ある人にとっては、
すごくハードルが高いことはたくさんある。
誰かを愛する、誰かを信頼する、
誰かと自然に話す…。
それらのことって
根っこは一緒で、
「自己肯定感」の低さから
きてるンだよね。

自己否定を人生の
ベースにしては
絶対にいけないよ。

254

一番楽しく、一番ラクに生きるためには、

「正直」と「素直」なンだよ。

気を付けなくてはならないのは、
けっして、「馬鹿正直」と
「馬鹿素直」ではないよ。
馬鹿がつくと、人を傷つけるから。

255

あの人が羨ましいと
素直に言えなかった感情って、
どす黒い感情に変わるよね。

ああ、僕も私も、
あンなふうになれたらいいなあって
素直に思えるようになったら、
その素敵なことに
一歩近づけたということだと思う。

256

生きていると、嫌なこと、気に入らないこと、
めンどくさいことの連続。

いつまでもそれらを
引きずっていたら、
一生の大半を不満を抱えて
生きることになる。
さっさと気持ちを
切り替えて、次の一歩。

257

自分に欠けていることはたくさんある。
しかし、他のことでちゃんと補われている。
間違いなく。

258

自分を甘やかすことと、
自分を丁寧に扱うことは、
まったく違う。

259

自分を堕落させる誘惑は、
常に自分からもたらされているのだ。
他人の誘惑に負けたというのは
言い訳に過ぎない。

260

自分自身が自分となれなれしくなってはいけない。
自分自身が自分に図々しくなってはいけない。
自分が自分と上手く付き合うことは、
他人と上手く付き合うことより難しかったりする。

261

自分が好きだった人が嫌いになったとき、
それは相手が変わったンじゃなくて、
自分が変わったのかもしれないよ。
少なくとも、その可能性は考えるべき。

262

「祭り」を楽しめぬ自分がいてもいいのだ。
しかし、「祭り」を楽しンでいる人たちを
貶《けな》すような人間にはならないこと。

263

善悪、正邪、勝ち負け、貧富、
何でもそうだけど
たった二つの物差ししか持っていないと、
人間は生きていくのが苦しい。
極端の両端の先は、断崖である。

他人にも自分にも
完全を求めないこと。
他人も自分も
不完全なのだから。

264

「中立」って、一見正しい言葉に聞こえるけれど、
現実社会では違う。
何か重大な意思決定が行われるときに
「中立」でいるということは、
あなたは両極端な意見のどちらにでも
取り込まれるただの駒になる。

具体的に自分で考え行動する。
リスクを背負わない、
ただの中立と言う名の
駒になるべきではない。

265

80年間生きてきて、

愛や恋で
失敗しなかった人には、
たった一人も
会ったことがない。

後悔したことがない人にも会ったことがない。

266

若い人に言いたいのは、
恋はするものではなく
落ちるものなので、
年収とかどうとかごちゃごちゃ
条件を言っているうちは、
ホンモノの愛は見つからないね。

267

愛は、
弱肉強食ではなく、
適応した者が勝つのです。

268

若い友人の恋愛相談によく乗るのだが、
とにかく、「相手に嫌われるの嫌」なンだな。
嫌われるよりも、告白しないほうがましという考え方。
僕に言わせれば、**とりあえず突撃じゃッ！**
断られたら、泣きながら撤退！
撤退したあとも、繋がる縁ならまた繋がるよ。

269

ある若い女性は、セックスを見られるよりも、
食事をしている姿を見られるほうが
ある意味恥ずかしいと言った。

ある年配の女性は、セックスよりも、
食事のマナーのほうが
その人の本性が出ると言っていて
大笑いしたことがある。

性欲も食欲も本能だけど、
食事を美味しく食べられない男は
伴侶にしないほうがいい。

僕の知り合いに、伴侶はいらないと
決めている男がいる。
理由は、自分のためのお金や時間を、
他人のために使うのが嫌だからだそうだ。
彼は大事なことに気づいていない。
自分が愛する人のために使う
お金や時間は無駄ではない。
その愛する人も同様に自分のために
お金や時間を使ってくれるのだ。

愛は損得ではない。

271

親は、愛の見本を
子供に見せることが
義務だと思う。

272

人がやさしくないから
といって、
自分がやさしくない
言い訳にはならない。

273

やさしい人って損をすると言うけれど、
やさしいから損をしているとは考えないンだよね。
だからこそ、やさしい人。
正直な人も同じ。
結局周りに人が集まってきて、
大きな意味では損はしない。
そンな人でありたいものだな。

274

人って
「してほしいこと」をしてくれる人の
やさしさには気づきやすいのに

「しないでもらいたいこと」を
しないでいてくれる人の
やさしさには
なかなか気づけなかったり
するンですよね。

何かのときに裏切らないでいてくれるとか、
酷いことを言わない、しないでいてくれるとか…
いざというときのそんなやさしさ、超大事。

275

戦っているとき、攻めているとき。
そのときにこそ

「俺はやさしさを
なくしてないか」と己に問うのだ。

276

人にやさしくすると、

90%の確率で人にやさしくされます。

100%ではありません。それが人生です。

でも、人を励ますと、
自分も100%
励まされます。

80の経験として。

277

僕が80年近く生きてきて学ンだ大切なことの一つは、人の注意や指摘を「やわらかい心で」受け止めるということです。それが、どンなものであれ。なンかね、もう頑なな心でいると、自分を褒めてくれる人以外すべて敵みたいになってしまう。それは、心に「余裕」があるかどうかなンだよね。

余裕って大事。

278

自分が自分を雑に扱い始めたら、
それは心が弱っているか、
心が病みかけていることの証だ。

人が自分を雑に扱うのなら、その人と別れればよいが、
自分は自分自身と別れることはできない。
雑に生きる自分と生きていくのはとてもしんどい。
そして、自分自身を雑に扱う人間は、
他人に丁寧にはできない。

279

自分が自分を丁寧に扱えるように戻るには、
自分が自分を雑に扱った時間か、
それ以上の時間がかかる。

280

今日、あなたはあなた自身を大切に扱いましたか？

今日、自分を
雑に扱ってしまった人は、
明日こそ自分を丁寧に。

おやすみなさい

281

寝る前に一言。
世間を渡るとは、人から人へ渡り歩くことである。
だからたまに、人につまずくこともある。
さよならもあるし、ずっとよろしくねもある。
でも大丈夫。

また、明日は、新しい人から始まる。

282

すごく簡単な心の薬なのだけど、
とても心にいい習慣がある。

それは、

「寝る前に嫌なことを考えない」

「朝起きたときに嫌なことを考えない」

ただ、それだけ。お金もかからない、副作用もない、とてもいい薬。

起きて布団から出たら大変なことばかり。

寝ている間ぐらいぐっすり幸せに。

283

過去に嫌なことがあっても、
今日は、その日から一番遠い日。
今日嫌なことがあっても、
明日になればその嫌なことから一日離れる。
「日にち薬」って効くよ。

**あたたかな布団の中に、
嫌なことを連れて
眠りにつかないこと。**

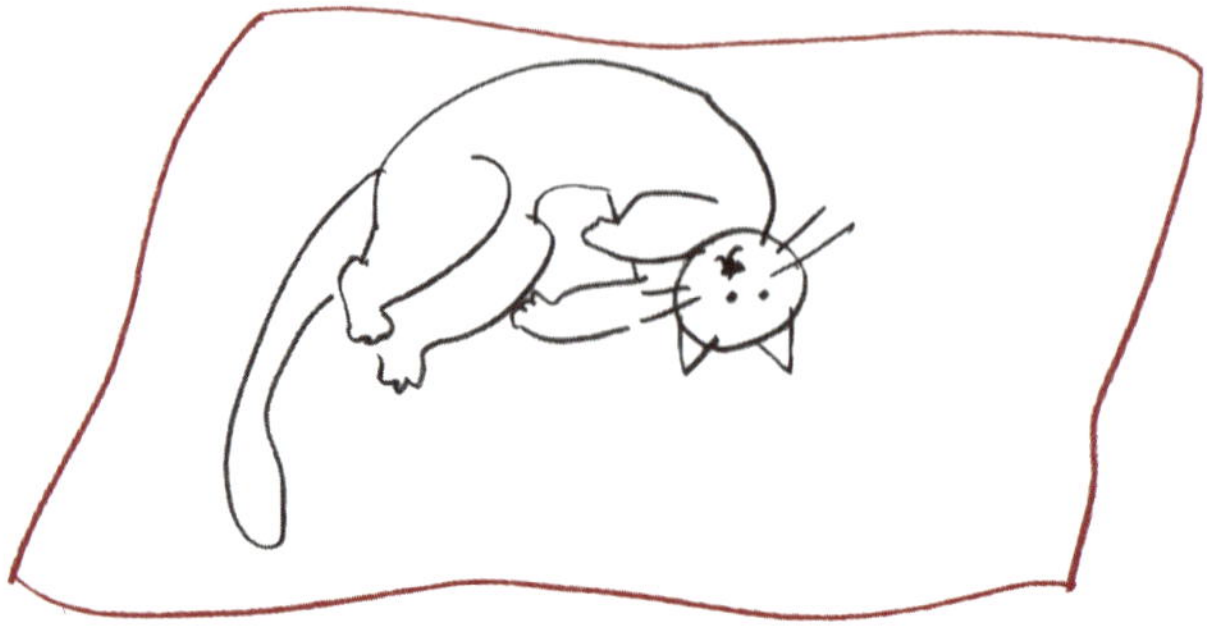

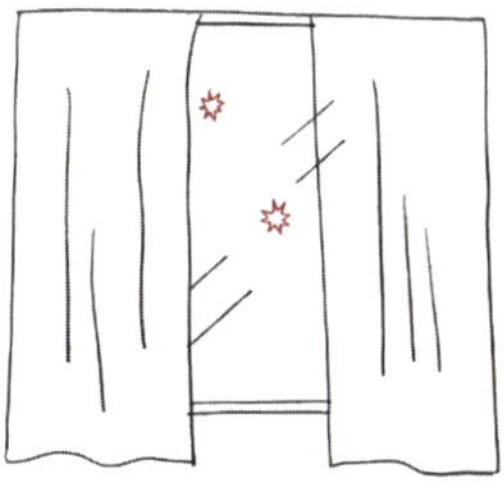

284

気持ちや、心って、
自分でもビックリするぐらい
些細なことで揺らぐでしょ？
ぐらンぐらン。
でも、激しく揺れ続ける振り子も
そのうち、おさまる。

ぐらンぐらンした気持ちを、
安らかな寝床に
持ち込まないこと。
ぐっすり眠って、
明日は新しい日。

285

もう駄目かもしれない、と思うときが人生にはある。
そういうときは、

「もう一日頑張る、
もう一日だけ頑張れる、
もう一日だけは頑張れるはずだ」
と3回となえる。

それで一日が過ぎ、一ヶ月が過ぎていく。
しんどいことは短く刻んで乗り越えていくのだ。

286

たとえば創作だったら、
人の作品の善し悪しはすぐに分かる。
だけど、自分の創作はどうすれば
面白くなるのか途端に分からなくなる。
人生も同じなンだよ。
人の人生はどこが良いか悪いか客観的に分かる。
でも自分の人生は迷ってばかり。

自分のことは、
自分が一番分からない。

でも心配するな、皆同じだから。

287

「どうにもならないこと」は絶対にある。
そのどうにもならないことに
心を注いでも仕方がない。
やるべきことは「どうにかなること」なのだ。
どうにかなることをやり続けると、
どうにもならなかったことが、
どうにかできるようになる。

だから、僕は
「今」できることを
「今日」やります。

288

植物だって生きていける植生があるし、
動物だって自分たちが生きていける適正な場所で生を受け生きる。
もちろん、人間もそうだ。
苦しンでいる人間の多くは、
自分が生きるべき居場所で生きていない。
そりゃあ苦しいだろう。
適正な場所で生きていないのだから。

自分が生きるべき
正しい居場所を見つけるのだ。

289

僕も齢80なので引きこもりがちになってしまう。
そういうときは、「内（家）」と「外」の違いを強く意識する。
内には、自分だけの時間、自分だけの空間、ふかふかの布団があって、
外には、太陽と、広がる空間と、刺激があるンだと使い分ける。

しンどいときは「内」、行けるときは「外」。自分次第で自由自在。

290

「自分を変える」というと、
180度、もう回りまわって360度変わって
元通りみたいな変化を求める人がいるのだが、
人なンて、ゆっくり少しずつしか変われない。
脱サラしてラーメン屋になる
みたいな変化じゃなくて、

昨日までいい加減だったことを、
今日は丁寧にやってみた
ぐらいの繰り返し。

291

少し習慣を変えるだけ、
少し考え方を変えるだけ、
少し見方を変えるだけ。

**人生を良いほうへ変えるのは、
ほンの少しずつ
変えるだけでいいのです。**

あなたは
幸せですか？

292

すごく単純な人生の結論なンだけど、
何をするときも、
「これは自分を幸せにするか」
「これは人を幸せにするか」
を基準に考え行動するのが
一番いい生き方だなあと
80年近く生きてきてしみじみと思う。
人生は複雑で
ままならないことだらけだからこそ、
このシンプルな結論を
いつも心に持っていたい。

293

不安は、いつかは現実になります。
なぜなら、あらゆる不安をいつも考えているからです。
幸せの予感も、いつか現実になります。
なぜなら、あらゆる幸せを考えているからです。
できるだけ、幸せの予感を
的中させていきたいですね。

294

あなたが今一緒にいる人は、
あなたに自信を与えてくれる人ですか？
あなたが自信過剰になったとき、
諫《いさ》めてくれる人ですか？
この単純な二つの条件を満たす人が、
あなたを幸せにしてくれる人です。

295

潔癖症の人は、いつも汚れが気になって、
逆に普通の人より汚いことについて考えてしまう。
完璧主義者の人もそう。
完璧な人間なンていないから、
完璧を目指すあまりいつも欲求不満。
幸せになりたい人もそうじゃないかな。
幸せを求め過ぎるあまり、
身近な小さな幸せに気が付かない。
何事もほどほどがいいね。

296

幸福の感情は伝染する。

だから、僕は、自分が幸せになることで、
その幸せを伝染させたい。
そして、負の感情も伝染する。
だから、負の感情を持つ者には近づかないこと。
負がうつるよ。負がうつらないように
自衛するのは大事なことですよ。

297

80年近く生きてきて分かったのは、
人生最高の栄誉ある言葉は、

「あの人、人生楽しンでるね」

なンだよ。

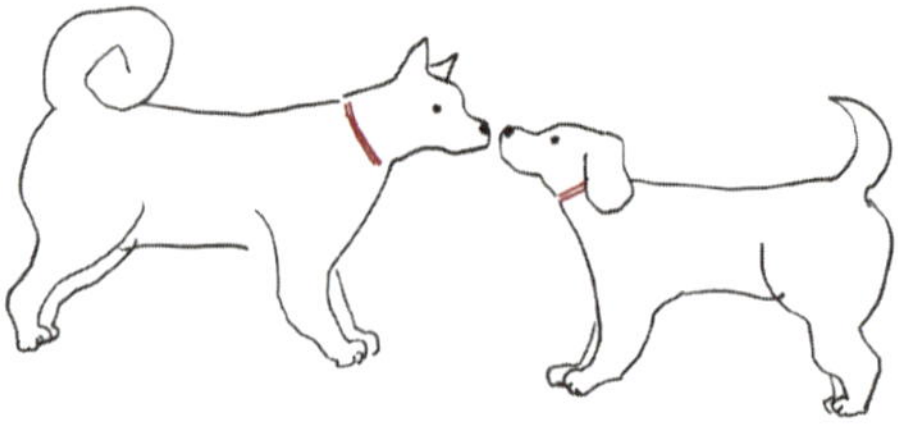

298

80近くまで生きてきて、
長く深く付き合える大切な人たちは、
皆、初めて会った日のように
ふるまえる瞬間を持っている人たち
ばかりだなあと思う。

299

また会いたい人に、また会いたいと思われたい。

300

僕たちは、人生で
何人の人と出会うのだろうか。
すごい数だと思う。
その中に、自分にとって
大事な人って絶対にいる。

小池一夫

心が曇っていると
そういう大事な人を見逃す。
出会いを見逃さないように、
そして、相手から
見逃されないように。

あとがき

2010年にツイッターを始めて6年あまり。フォロワーの数は39万人を超えました。自分でも驚いています。

ツイッターを始める気持ちになったのは、当時ある弟子から「フリーミアム（Freemium）」という言葉を聞いたからです。興味を持って、その世界を体感してみようと思ったからです。フリーミアムというのは、モノやサービスを最初は無料で提供したり配ったりして、その良さをわかってもらったら有料で買ってもらうというビジネスモデルです。へえっと感心して、いろいろと調べているうちにSNSやツイッターの世界にも参加するようになりました。

あと、ツイッターはどんな人に向けてつぶやいているのかとよく聞かれますが、自分が思ったことを書いているだけなので、あまり意識したことはありません。

SNSを始めようと思ったもう一つのきっかけは、「言葉の変化」。

たとえば、若い弟子とカレーライスを食べたとき。僕が全部食べ終わったら、若い弟子が「完食されましたね」と言いますが、実はこれは最近の言葉で、ある世代以上には伝わりません。僕らの年代では「カンショク」とは「間食」、すなわち、おやつを食べることに聞こえます。年代によって、意味が伝わる言葉と伝わらない言葉があるので、どんな世代にも「伝わる言葉」で書くことを意識しています。「チョー（超）」とか「マジすか」といった、ネットやテレビから出てきた若い人の言葉が少しずつ日本語を変えていく。とても面白いことです。

そういうことが理解できなくなって、若い人の話に追いつけなくなってきたら物書きとしては駄目だなぁと思い、もっと若い人と付き合っていこうと思ったのです。

つぶやくときは、常に自分と平常心で向き合うことが理想なんだろうなと思います。

怒っているとき、悲しいときには、つぶやかない。

平常心のときにつぶやく。

読んでくださる方に、どのようにしたら受けるのか、というのは、正直分かりません。

時代は変わる、歳もとる。

あるとき考えていたことと、今考えていることも違うから。

読んでいただいてありがとう。

感謝しています。

それしかありません。

２０１６年11月　小池一夫

小池一夫（こいけ・かずお）

@koikekazuo

1936年、秋田県生まれの80歳。漫画作家、小説家、脚本家、作詞家。代表的な漫画原作作品に『子連れ狼』『御用牙』などがある。1977年より後進育成のため「小池一夫劇画村塾」を開設。同塾門下生には高橋留美子、原哲夫、板垣恵介、さくまあきら、堀井雄二らがいる。著書には『「孤独」が人を育てる 小池一夫名言集』『人を惹きつける技術 カリスマ劇画原作者が指南する売れる「キャラ」の創り方』（以上、講談社＋α新書）などがある。2010年3月から73歳にして、Twitterを始める。日々つぶやかれる、厳しくも愛がある言葉の数々が話題になり、2016年11月現在、フォロワー数は39万人を超える。

デザイン　桑山慧人(prigraphics)
イラスト　須山奈津希
校正　東京出版サービスセンター

参考文献　『水木サンの幸福論』(株式会社KADOKAWA刊)

ファイト！（106ページ）
作詞 中島みゆき　作曲 中島みゆき

(株)ヤマハミュージックエンタテインメントホールディングス　出版許諾番号　19617P

ふりまわされない。
小池一夫の心をラクにする300の言葉

2016年12月7日　第1刷発行
2020年1月18日　第8刷

著者　小池一夫

発行者　千葉 均
編集　村上峻亮
発行所　株式会社ポプラ社
〒102-8519　東京都千代田区麹町4-2-6
電話　03-5877-8109（営業）
　　　03-5877-8112（編集）
一般書事業局ホームページ
www.webasta.jp

印刷・製本　大日本印刷株式会社

N.D.C.159/255P/19cm　ISBN978-4-591-15282-9

P8008102